너도 진로 희망 칸 비었어?

: 열다섯 진로고민러를 위한 역량 처방전

열다섯 진로고민러를 위한
역량 처방전

너도
진로 희망 칸
비었어?

권재원 지음

우리학교

진로 역량 처방 순서

진로 희망 칸에 뭘 쓸지 망설이는 너에게

: 어떤 진로를 결정해도 흔들리지 않고
자신 있게 미래를 준비하는 법

이 책은 열다섯을 앞둔 청소년들에게 드리는 선물입니다. 그중에서도 진로 희망 칸이 비어 있는, 앞으로 무슨 일을 하며 살아갈지 아직 정하지 못한 청소년들을 위한 책이지요.

진로 희망을 적는 칸을 마주할 때마다 막막했나요? 일찍 진로를 정한 친구들이 부럽겠지만, 진로 희망 칸이 비어 있다고 걱정할 필요는 없습니다. 백 살을 넘게 살 여러분에게 열다섯이란 나이는 진로를 결정하기엔 아직 이른 때가 분명하니까요.

더구나 여러분이 앞으로 살아갈 세상은 인공 지능이 운항하는 배를 타고 지식과 정보의 바다를 항해해야 하는 시대입니다. 살면서 갖게 될 직업의 개수가 열 개를 넘게 될 세상이지요. 그래서 자신이 좋아하는 것, 잘할 수 있는 것을 탐색하는 일도 중요하지만, 원하는 일이 생겼을 때 그 일을 할 수 있는 힘을 미리 길러 두는 준비가 꼭 필요합니다. 더구나 아직 진로를 확실히 정하지 못했다면, 막연히 고민하며 시간을 흘려보내는 대신 어떤 진로를 결정해도 흔들리지 않고 자신 있게 미래를 준비할 수 있는 힘을 길러 두어야 합니다.

그 힘의 이름은 바로 '역량'입니다. 그리고 열다섯은 '역량'을 강화하기 가장 좋은 때입니다. 왜 하필 열다섯이냐고요? 열다섯이라는 나이는 인생의 특별한 전환점이기 때문이지요.

우리나라에서 대부분의 청소년은 만 열다섯에 중학교를 마치게 됩니다. 경제 협력 개발 기구(OECD)가 주최하는 국제 학업 성취도 평가(PISA)도 공교육의 최종 학년으로 보는 만 15세 학생을 대상으로 하지요. 대부분의 청소년이 고등학교에 진학하겠지만 중학교 이후부터 학업은 본인의 선택이지 필수가 아닙니다. 따라서 중학교를 졸업한다는 것은 더 이상 학교에 있어야만 하는 '아이'가 아니라는 뜻이기도 하지요. 영어권에서도 열다섯 이후부터는 'young adult', 우리말로는 '청년'으로 분류합니다.

학업이 필수가 아니라니, 이 소식을 듣고 환호성을 지르고 있나요? 아직 반가워하기에는 이릅니다. 그렇다고 더 이상 공부가 필요 없다는 뜻은 아니니까요. 학교에서 정해 주는 과정에 따라 배우는 공부가 끝났을 뿐이지, 지금부터는 나 자신의 미래를 위한 나만의 공부가 필요하다는 뜻이니까요.

여러분은 이제 그냥 배우는 것이 아니라, 배움을 배우고 (learning to learn), 살면서 배우는(living learning) 나이가 된 것이지요. 다시 말해 하고 싶은 일을 하고 원하는 삶을 살려면 어떤 공부가 필요한지, 무엇을 얼마나 공부해야 하는지 스스로 알아내고 결정할 수 있는 힘을 길러야 한다는 뜻이지요.

물론 열다섯이 됐다고 해서 이 힘이 저절로 길러지는 것은 아닙니다. 이 힘을 기르기에 딱 적합한 때인 것뿐이지요. 아쉽게도 우리나라 공교육 과정은 배움과 삶을 준비하는 데 필요한 것들을 충분히 제공한다고 보기 어렵습니다. 그렇다면 소화된 지식을 떠먹여 주다시피 하는 학원은 어떨까요? 그나마도 스스로 '배움을 배울 수 있는' 힘을 망치기 쉽습니다. 이 책은 우리나라 교육이 놓치고 있는 바로 그 여백을 채워 주는 책입니다.

열다섯 살이 된 여러분은 운동 경기에 비유하면 세상이라는 경기장에 처음 나서는 신인 선수들과도 같지요. 신인 선수에게 필요한 것은 현란하고 고차원적인 기술과 작전이 아닌, 여러 기술을 익히며 다양한 작전을 이해하고 수행할 수 있는 기본적인 능력입니다. 이 능력이 바로 앞에서 말했던 '역량'이지요.

역량은 이미 익혀서 무엇인가 행할 수 있는 능력과 기능이 아닙니다. 상황에 따라 필요한 능력과 기능을 기르고 갖추는 힘입니다. 기능의 기능, 능력의 능력, 지식의 지식인 셈이지요.

요즘 유행하는 메타 학습과 비슷하다고 할 수 있습니다.

지금 우리에게 필요한 배움은 어디에서 무엇을 찾고, 찾은 것을 어떻게 활용할지 아는 것입니다. 그래서 전 세계적으로 지식과 기능 위주였던 교육 과정이 역량 중심의 교육 과정으로 바뀌고 있습니다.

우리나라 역시 '자기 관리 역량', '지식 정보 처리 역량', '창의적 사고 역량', '심미적 감성 역량', '의사소통 역량', '민주시민 역량' 등을 공교육의 목표로 삼고 있습니다. 이 책은 이 여섯 가지 역량을 기르기 위해 알아야 할 것들을 담은 책입니다. 몸의 구성 성분은 아니지만 신체 기능을 균형 있게 조절하고 활력을 주는 비타민처럼, 여러분이 미래를 잘 준비할 수 있도록 돕는 역량 처방전인 셈입니다.

이 책을 읽고 '역량'과 '배움'에 대해 잘 알게 되면 이를 바탕으로 여러분이 나중에 어떤 진로를 선택하든 스스로 필요한 것을 준비하고 기획하고 실행할 수 있을 것입니다. 여러분의 미래에 무엇이 필요할지는 각자의 상황과 목표에 따라 달라질 것입니다. 저는 그저 이 책이, 여러분이 미래를 준비할 때 작게나마 도움이 되기를 바랄 뿐입니다. 책을 읽는 동안 자신에 대해, 세상에 대해, 배움에 대해 돌아보고 자신의 미래에 대해 한 번 더 생각할 수 있다면 그것만으로도 충분합니다.

이 책은 2016년에 출간한 《10대, 꿈을 이루고 싶다면 생각의 근육을 키워라》를 지금 청소년의 진로 고민에 맞춰 개정 증보한 것입니다. 아무쪼록 이 책에 담긴 내용이 열다섯 여러분의 진로 역량을 강화하는 데 도움이 되기를 바라며 자신만의 희망 진로를 찾고 있는 열다섯 친구들에게 힘찬 응원을 보냅니다.

2023년 여름 권재원

1장

나를 알고 나로부터 출발하기
자기 관리 역량 처방

고대 그리스 사람들은 아폴론 신전 입구에 "너 자신을 알라."라는 문구를 새겨 두었다고 해.

'나'는 드넓은 세상에서 티끌만큼 작은 존재지만, 어떤 것을 배우거나 시작할 때 나를 아는 것이야말로 세상 전부를 아는 것만큼이나 중요해. 나 자신이 어떤 존재인지, 무엇을 알고 있는지, 무엇을 원하는지, 무엇을 할 수 있는지 등 나에 대해 모른다면 지식이 다 무슨 소용이겠어? 모든 역량 중 가장 중요한 역량은 자기를 관리할 수 있는 역량이지. 지금부터 자기 관리 역량을 알아보자.

나를 제대로 마주하기

진로 희망 칸을 채우려면 내가 좋아하는 것, 내가 잘할 수 있는 것을 탐색해야 한다. 그런데 여기서 '나'란 어떤 존재일까? 우리는 진짜 '나'의 모습을 어떻게 알아차릴 수 있을까? 다음 두 문장의 다른 점을 찾아보자.

"배고파."

"나는 배가 고프다."

첫 번째 문장은 자신의 상태를 말하고 있고, 두 번째 문장은 배고픔을 느끼고 말하는 주체가 '나'라는 것을 분명히 드러내고 있다. 저 사람, 저 아저씨, 저 아이가 아니라 '내'가 배고프다는 의미다. 또 내가 기쁘거나, 슬프거나, 용변이 급한 게 아닌 '배가 고프다.'라는 뜻이기도 하다. 다시 말해 나를 다른 사람과 구별해 가리킬 수 있고, 나의 상태를 객관적으로 파악해 말할 수 있다는 뜻이다.

이처럼 우리가 나를 객관적으로 바라볼 때, 그 대상이 된 나를 '자아'라고 한다. "배고파."라는 문장에는 드러나지 않지만, "나는 배가 고프다."라는 문장에는 '나'라는 '배고픈' 자아가 분명히 드러난다.

자신을 대상으로 바라볼 수 있는 능력은 인간을 포함한 일부 영장류만 가진 놀라운 능력인데, 다른 동물 대부분은 스스로를 대상으로 삼아 생각하거나 관찰하지 못한다. 배고픔을 느끼면 배고픔이 주는 충동에 따라 음식을 찾을 뿐, '지금 '나'는 배가 고프고, 따라서 음식을 구해야만 한다.'라고 생각하지 못하는 것이다.

심리학자 고든 G. 갤럽(Gordon G. Gallup)의 거울 실험(mirror test)을 살펴보자. 침팬지들을 대상으로 잠든 동안 염색한 뒤 달라진 눈썹을 알아볼 수 있는지 시험했는데, 깨어났을 때 침팬지들이 거울 앞에서 자기 눈썹을 만졌다고 한다. 이후의 실험에서도 보노보, 오랑우탄 같은 사람과(Hominidae)와 돌고래, 코끼리, 말, 까치, 까마귀만이 자신의 모습을 인식하는 듯이 행동했다. 영리한 반려동물로 알려진 개와 고양이는 실험을 통과하지 못했다고 하니, 물에 비친 자기 그림자를 향해 짖다가 물고 있던 뼈다귀를 놓쳐 버린 우화 속 개는 오늘날에도 있을 법하다. 이처럼 대부분의 동물은 거울에 비친 자기 모습을 보고, 그게 자신이라는 것을 깨닫지 못한다.

한편 우리는 거울 속 나를 인식할 능력은 있지만, 그 능력을 발휘할 기회는 많지 않다. 우리는 대부분의 일상을 내가 아닌 다른 사람의 얼굴을 보며 살아가기 때문이다. 게다가 가족이나 친구는 생생한 실물로 볼 수 있지만, 정작 내 모습은 거울이나 카메라를 통해 간접적으로 볼 수밖에 없는데, 그래서 나는 내가 어떻게 생겼는지 가장 모르는 사람이라고도 할 수 있다.

감정을 한번 살펴보자. 생김새와 마찬가지로 우리는 남의 감정은 잘 알아도 내 감정은 종종 놓치는 경우가 많다. 다른 사람의 얼굴을 보며 미묘한 표정 변화를 읽고 상대의 감정을 예측하는 것과 달리, 거울에 비친 자기 모습을 보며 시시각각 변하는 표정을 읽으며 감정 변화를 알아채기는 어렵기 때문이다. 여러분도 잘 알고 있듯이, 거울을 통해 보는 나는 좌우가 반전된 모습이며, 따라서 자연스러운 감정 변화를 관찰하기 어렵다. 즉, 우리는 평생 다른 사람의 감정은 읽어도 자기 감정은 볼 수 없는 셈이다.

남을 통해 나를 알 수 있다고?

그렇다고 해서 우리가 나 자신에 대해 전혀 모르는 것은 아니다. 가령, 외모가 아름다운 사람은 자신이 잘생겼다는 것을 안다. 심지어 거울이 없는 원시 부족 사회에서도 아름다운 용모를 가진 사람은 자기 외모를 분명히 의식하며 행동했을 것이다. 똑똑한 사람 역시 자기 머리가 좋다는 것을 분명하게 인지할 수 있고, 예의 바르고 온화한 사람 역시 자신의 성품을 알고 있다.

우리는 어떻게 자기 자신에 대해 알게 될까? 바로 다른 사람의 반응을 통해서다. 외모가 아름다운 사람은 어릴 때부터 "예쁘다.", "잘생겼다."라는 소리를 많이 들었기 때문에 자기 외모가 예쁘고 잘생겼다는 사실을 알게 되고, 성격이 좋은 사람은 다른 사람이 자기 행동을 칭찬하는 경험을 통해 자신이 선하다는 것을 알게 된다. 다른 사람의 반응이야말로 가장 확실한 거울인 셈이다.

이처럼 주변 사람들의 반응은 거울로 볼 수 없는 자신의 내면을 알려 주는 중요한 통로와도 같다. 그래서 우리는 타인의 반응을 통해 나를 객관적으로 바라보게 되고 "나는 ~하다."라는 인식을 갖게 된다. 결국 '자아'란 내가 마주치는 사람들의 반응과 그들이 바라보는 내 모습을 통해 되돌아보게 된 진짜 '나'의 모습이라고 할 수 있다.

그럼 다른 사람의 말을 잘 듣지 않거나, 아주 소수의 친구만 만나는 경우에는 어떨까? 그런 사람은 거울이 하나도 없거나, 그 거울이 제대로 된 거울인지 우그러진 거울인지 비교할 만한 다른 대상이 없는 것과도 같다. 거울이 하나밖에 없는 사람은 자기 자신을 객관적으로 볼 수 없고, 우그러진 거울만 가진 사람은 나에 대해 잘못된 상(象)을 갖기 쉽다.

우리는 보통 나를 먼저 알아야 남을 알 수 있다고 생각하지만, 사실 인식의 순서에서는 '남'이 먼저다. 가족이나 친구, 이웃과 충분히 소통하지 않은 사람은 '남'이 없기 때문에 그 상대적 개념인 '나'도 없고, 자신을 객관적으로 바라볼 수 있는 능력도 부족하기 마련이다.

타인과 구별되는 나만의 고유한 자아 정체성

사람들이 나에 대해 보이는 반응을 통해 자아를 형성한다고 했을 때 문제가 하나 생긴다. 나에게 반응하는 사람이 수십 명이면 '자아'도 수십 개가 형성되는 걸까? 다행히 그렇지는 않다. 그랬다가는 모두가 정신과의 도움을 받아야 할지도 모른다.

우리는 사람들의 모든 반응이 아니라 '전형적인 반응'을 통해서만 자아를 형성한다. 어쩌다 한두 사람이 "잘생겼다."라고 말한다고 해서 그 사람이 자신의 외모가 아름답다고 생각하지는 않을 것이다. 하지만 만나는 사람마다 "예쁘다.", "잘생겼다."라고 말한다면 그 사람은 "나는 예쁘지.", "나는 잘생겼어."라고 생각하게 된다.

문제는 이런 전형적인 반응을 통해 형성된 나에 대한 생각 역시 하나가 아니라는 점이다. 지금 당장 "나는 ~하다."라는 문장을 생각나는 대로 써 보더라도 두세 개는 물론이고 어쩌면 열 개가 넘을 수도 있다.

- 나는 수학을 잘한다.
- 나는 코가 잘생겼다.

- 나는 운동을 잘한다.
- 나는 건담 마니아다.
- 나는 힙합을 좋아한다.
- 나는 가족을 사랑한다.

이렇게 "나는 ~하다."가 너무 많으면 혼란스럽다. 내가 어떤 존재인지 딱 부러지게 알 수 없기 때문이다. 더구나 여러 개의 "나는 ~하다." 들이 서로 부딪히는 경우도 많다.

따라서 갈등하는 자아를 통합하려면 깊은 성찰과 고민이 필요하다. 서로 부딪히는 여러 자아 중 다른 건 몰라도 '이것만큼은 포기할 수 없어!'라고 느끼는 나만의 고유한 특성이나, '이게 없다면 다른 친구들과 나를 구별하기 어려워!'라고 생각하는 특징을 '자아 정체성'이라고 한다.

나를 다른 사람과 구별되는 자아로 인식하려면, 어떤 점에서 내가 다른 사람들과 다른지 설명할 수 있어야 한다. 자아 정체성이 분명한 사람은 나만의 고유한 특성을 앞세워 자신의 인생에서 주인공이 될 것이며, 마음속 갈등에도 큰 혼란을 겪지 않을 것이다. 하지만 자아 정체성을 세우지 못한다면, 무엇이 나를 나답게 하는 것인지 모른다면, 나와 남을 구별하는 기준이 모호해지고 당당히 세상에 나서기 어려워진다.

사실 정체성이란 개념은 그렇게 어려운 것이 아니다. 평소에도 우리는 여러 사물이나 동물의 정체성을 이용해 각각의 특징을 쉽게 정의한다. 예를 들면, 가을에 열매를 맺는 기준으로 사과나무, 배나무, 밤나무 등을 구별한다. 또 봄여름에 피는 꽃의 색이나 모양을 보고 진달래, 철쭉, 장미 등을 식별한다. 수천 개의 부품으로 이루어진 자동차를 몇몇 특징만으로 "이 자동차는 스포츠카야.", "이 자동차는 화물차야."라고 구분한다.

그런데 우리는 이렇게 다른 것에는 척척 정체성을 쉽게 부여하면서, 정작 자기 자신에 대해서는 그러지 못한다. "나는 ~한 사람이다."라고 한두 마디로 자신을 정의할 수 있는 사람이 몇이나 될까? 물론 자기 자신을 한두 가지 정체성으로 가두는 것은 바람직하지 않지만, 내가 어떤 사람인지 몰라 갈팡질팡하며 혼란을 겪는다면 과연 주체적인 삶이라고 할 수 있을까?

'중2병'은 자아 독립의 시작

우리는 흔히 "중2병에 걸렸다."라며 사춘기 상태를 놀림거리처럼 말하곤 한다. 이 병은 이름처럼 모두에게 같은 시기에 찾아올까? 물론 여러분 모두가 중학교 2학년 때 이 상태를 겪지는 않았을 것이다. 개인에 따라 그냥 넘어가거나 가볍게 지나갔을 수도 있다. 혹은 더 일찍 시작할 수도 있겠지만 일반적으로, 열 살이 안 된 초등학교 저학년 학생이 선생님이나 부모님께 대드는 모습은 흔하지 않다. 그런데 초등학교 고학년이 되면 달라진다. 일부 학생들은 선생님 말씀을 거스르기도 하고, 어떤 학생들은 선생님보다는 좀 더 대하기 쉬운 부모님께 자기 고집을 세우며 반항하기도 한다.

중학교 2학년 무렵이 되면 반항심은 절정에 이르러 아예 '나'를 세상의 중심에 놓고 생각하게 된다. 자기가 세상의 중심이니 이래라저래라하는 어른들의 말은 모두 부당한 간섭처럼 느낄 수밖에 없다. 이름처럼 무서운 중2병이 시작된 것이다.

그런데 사춘기의 반항과 중2병은 나쁘게만 생각할 일이 아니다. 우리가 반항하기 시작하는 것은 비로소 자신을 어른에게 속한 아이가 아닌 다른 사람들과 뚜렷하게 구별되는 고유한 존재로 파악하기 시작했다는 뜻이다. 중학교 2학년쯤의 아이가 어른들에게 대들고 반항하는 것은 자기의 정체성을 세우고 지키기 위한 일종의 독립 투쟁인 셈이다. 투쟁의 과정에서 어른들이 협조적이면 자립하게 되고, 비협조적이면 반항하게 된다. 바로 이러한 독립 투쟁의 시기를 우리는 청소년기라고 한다.

자기 정체성을 세우기 위한 투쟁의 시기는 사람마다 다르다. 주변 상황이나 성품에 따라 남들보다 빨리 철들 수도 있고, 어른들이 어떻게 반응하느냐에 따라서도 달라진다. 그 사회의 분위기나 문화에 따라서도 달라지는데, 대체로 문명이 발달하고 구조가 복잡한 사회일수록 청소년기가 긴 경향이 있다.

청소년기는 넓게 잡으면 11~22세로 볼 수 있지만, 대체로 12~19세로 보는 경우가 일반적이다.

에릭슨과 공자가 말하는 성장기

심리학자 에릭슨(Erik Homburger Erikson)에 따르면 여덟 단계로 이루어진 인간 발달 단계에서 청소년기는 다섯 번째 시기에 해당된다. 이때는 정체성을 확립하느냐 혼란에 빠지느냐가 결정되는 아주 중요한 시기다. 그렇다고 너무 걱정할 필요는 없다. 청소년기 때 정체성을 세워 보는 경험이 중요하지, 어떤 하나의 정체성을 확정 짓고 평생 살아가라는 뜻이 아니기 때문이다.

정체성은 한 번에 확립되는 것이 아니라 성장하면서 꾸준하게 형성해 가는 것이다. 10대의 나와 30대의 나는 전혀 다른 사람일 수 있다. 그렇다고 해서 10대의 내가 잘못 살았다고 탓하거나, 30대의 내가 변한 것이라고 자책할 일이 결코 아니다.

수천 년 전 공자는 이렇게 꾸준히 쌓아 가는 인간의 정체성을 나이대로 구분해 의미 있는 말을 남겼다.

15세 지학(志學): 배움에 뜻을 둔다는 의미다. 공자가 열다섯 살에 학문에 뜻을 두었다는 의미인데, 자신이 어떤 사람이 되겠다는 정체성을 세운다는 의미이기도 하다.

30세 이립(而立): 비로소 스스로 설 수 있는 나이라는 뜻이다. 마음이 확고하게 서며 스스로 독립해 살아갈 수 있는 어른이 됐음을 의미한다.

40세 불혹(不惑): 흔들림이 없다는 뜻이다. 사람은 어른이 되어서도 '이게 과연 내 길이 맞나?', '다른 길은 없을까?', '저 길이 더 좋아 보이는데?' 하는 흔들림 속에 살아가는데, 공자 같은 성현도 마흔이 되어서야 비로소 정체성이 흔들리지 않았다는 뜻이다.

50세 지천명(知天命): 하늘의 뜻을 알게 되는 나이라는 뜻이다. 비로소 자기 정체성에 확신이 생겨 그 길이 옳고 가치 있다는 믿음을 가지고 헌신하게 된다는 뜻이다.

60세 이순(耳順): 귀가 순해지는 나이라는 뜻이다. 성품이 너그럽고 온화해진다는 의미로, 자신의 정체성을 중심으로 조화로운 삶을 산 사람은 분노나 절망감에 빠지지 않는다는 교훈을 담고 있다.

욕구는 나의 힘

사람은 기계가 아니기 때문에 같은 일을 계속 반복하는 것을 힘들어한다. 누가 시켜서 하는 일이라면 더욱더 힘들다. 반면 똑같은 일이라도 스스로 할 마음이 생기면 놀랄 정도로 열심히 하기도 한다. 사람은 스스로 행동을 끌어내는 내적인 힘을 가지고 있기 때문이다. 그 힘이 바로 '동기'다.

그렇다면 동기 중에서 가장 기본적이고 강력한 것은 무엇일까? 바로 구체적인 목적을 충족시키고자 하는 '욕구'다. 무언가 필요한데 없거나 부족하면 우리는 그것을 충족시키려는 욕구를 가지고 행동하게 된다. 그런데 욕구가 다 충족되면 어떨까? 동기가 사라져서 아무런 활동도 하지 않게 될까? 그렇지 않다. 인간의 욕구는 무한하고, 일단 충족된 욕구는 또 다른 새로운 욕구를 불러일으키기 때문이다.

인간의 욕구를 피라미드처럼 세워 본다면

부족한 것을 채우려는 욕구만 있는 것은 아니다. 예술가들의 창작 의욕과 같이 자신을 더 성장시키며 확장하고자 하는 욕구도 있다. 이를 두고 심리학자 매슬로(A.H. Maslow)는 부족한 것을 채우려는 욕구를 '결핍 욕구', 자신을 성장시키고 확장시키고자 하는 욕구를 '성장 욕구'라고 했다. 이 외에도 매슬로는 인간이 가진 여러 욕구를 단계별로 정리했다.

1단계 생리적 욕구: 유기체로서 자신을 유지하는 데 필요한 것들을 채우고자 하는, 생존과 관련된 아주 강한 욕구다. 예를 들어 배가 고프면 밥부터 찾게 되고, 용변이 급하면 다른 일은 손에 안 잡히고 오직 화장실에 가야 한다는 생각만 든다. 이처럼 인간 생존에 가장 기본이 되는 욕구라고 할 수 있다.

2단계 안전의 욕구: 사람은 생리적 욕구가 채워지면 안전한 거처를 찾게 된다. 위험이 크면 클수록 이 욕구는 더욱 강해진

[매슬로의 욕구 5단계 이론]

다. 만약 폭우가 쏟아지고 번개가 내리친다면 안전한 장소를 찾으려는 생각부터 들 것이다.

3단계 애정의 욕구: 배도 부르고, 안전한 거처도 마련했다면 인간은 그걸로 만족할까? 욕구는 욕구를 부르는 법인데, 다음 단계의 욕구가 바로 애정이다. 인간은 사회적 동물이기 때문에 다른 사람과 우호적인 관계를 맺고 싶어 하고, 그런 관계가 없으면 매우 고통스러워한다. 전문가들이 왕따 문제를 '인격적 살해'라고까지 칭하는 이유이기도 하다. 또 인간이 사랑을 쟁취하기 위해 평소에 할 수 없던 과감한 행동도 할 수 있는 것을 보면 애정의 욕구가 얼마나 강한 동기를 일으키는지 잘 알 수 있다.

4단계 존중의 욕구: 생계가 해결되고 적절한 인간관계도 맺었다면 다음엔 어떤 욕구를 갖게 될까? 바로 존중받고 싶어 하는 욕구다. 사람은 다른 사람들과 관계 속에서 존경받고 영향력을 행사하는 핵심 인물이 되고 싶어 한다. 이 욕구는 평소에는 드러나지 않다가 어떤 사건으로 인해 손상됐을 때 폭발적으로 치밀어 오르기도 한다. 무시당하거나 모욕을 느꼈을 때 존중받고 싶다는 욕구가 강력하게 올라오는 셈이다. 심지어 모욕을 감수하느니 스스로의 목숨을 끊는 사람이 있을 정도로, 때로는 존중의 욕구가 가장 기본 단계인 생리적 욕구를 넘어설 때도 있다.

5단계 자아실현의 욕구: 가장 상위 단계의 욕구다. 모든 욕구가 충족되고, 즉 애정과 존중의 욕구도 충족된 사람은 자신이 더 훌륭하고 인격적으로 깊이 있게 완성됐다는 느낌을 받고 싶어 한다. 바로 자아실현의 욕구다. 이 욕구는 주로 하위 단계라고 할 수 있는 원초적인 욕구가 충족된 다음에야 나타난다. 그러나 드물게 생리적 욕구가 충족되지 않았는데도 자아실현의 욕구에 따라 행동하는 사람도 있다. 목숨을 위협받거나 생계가 어려운 상황에서도 도덕이나 이타성을 먼저 실천하는 인물이 대표적이다.

지금까지 살펴본 매슬로의 욕구 5단계를 인간의 성장 과정에 연결 지어 볼 수도 있다. 우리는 유아기 때까지 생리적인 욕구가 가장 큰 동기가 되지만, 나이를 먹어 가면서 안전의 욕구, 애정의 욕구, 존중의 욕구를 따르게 된다. 성인이 되어서도 먹는 것, 편안한 것에만 집착하면 어른답지 못하다는 평가를 받게 된다. 어른이 되고 또 사회적 욕구들이 충족됐다면, 그다음은 자아실현을 위해 살아가는 게 어른스러운 모습으로 나이 들어 가는 것이라 할 수 있다. 예를 들어, 재산이 많은 사람이 미술관이나 교육 재단, 자선 단체를 세우는 것도 자아실현의 동기가 작동한 것으로 볼 수 있다. 영화를 보면 엄청난 부자가 배트맨이나 아이언맨 같은 히어로가 되어 사회에 도움을 주기도 하는데 비슷한 맥락이다.

내재적, 외재적 동기와 성취동기

동기를 분류하는 다른 방식으로 내재적 동기와 외재적 동기가 있다. 내재적 동기는 어떤 행위를 한다는 것 그 자체에 가치를 두는 것이다. 예를 들어 학교 축구팀에 들어가 공을 찰 때, 공을 차는 것 자체가 즐겁다면 그건 내재적 동기에 의한 행동이라고 할 수 있다. 엄청난 비용을 들여 가면서 생사의 고비를 넘고, 실제로 목숨을 잃기도 하는 고산 등반가들이 그토록 고생스러운 일을 하는 이유도 마찬가지다. 누가 시켜서 하는 것이 아니라 정상에 오르는 행위 자체가 좋아서 하는 내재적 동기에 의한 결과다.

반면, 외재적 동기는 어떤 일을 함으로써 보상을 받거나, 하지 않으면 처벌을 받기 때문에 해야 하는 경우다. 운동에 관심 없는 학생이 생활 기록부 평가 때문에 교내 축구팀에 가입한다거나, 등반가가 아웃도어 업체의 협찬 때문에 어쩔 수 없이 높은 산에 오른다면 외재적 동기에 따른 것이라고 할 수 있다.

그런데 매슬로의 5단계 이론이라든가 내재적 동기, 외재적 동기 같은 것들은 어떤 행동을 하도록 만든 힘을 설명하는 데 유용하지만, 그 행동을 끈질기게 지속하는 힘에 대해서는 설명하지 못한다. 이럴 때 필요한 동기가 바로 성취동기다.

성취동기가 강한 사람은 성취 그 자체를 즐기기 때문에 쉬운 과제보다는 어려운 과제를 선호한다. 또 실패를 두려워하지 않는데, 실패하더라도 주저앉거나 주변 상황을 탓하지 않는다. 오히려 실패를 계기로 더 열심히 하거나 다른 방법으로 다시 도전하는 성향을 보인다.

반면, 성취동기가 낮은 사람들은 성공했을 때의 성취감보다는 실패에 대한 두려움이 행동의 동기가 되기도 한다. 그래서 되도록이면 실패하지 않기 위해 안전한 선택을 하기도 한다. 성취동기가 낮은 사람들은 당연히 쉬운 과제를 선호하지만 때로는 아주 어려운 과제를 선호하기도 한다. 실패하더라도 비난받을 여지가 없기 때문이다.

위의 세 가지 동기 중 무엇이 더 좋거나 나쁘다고 평가할 수는 없다. 그럼에도 불구하고 우리를 움직이는 동기에 대해 고민해 보는 과정은 꼭 필요하다. 여러분도 내재적 동기와 외재적 동기, 성취동기 중 어떤 이유로 공부를 하고 있는지 스스로 한번 생각해 보면 어떨까?

나도 모르는
내 안의 무의식

　'열 길 물속은 알아도 한 길 사람 속은 모른다.'라는 말이 있다. 하루에도 여러 번 변하는 사람의 감정처럼 타인의 마음은 알기 어렵다는 의미다. 그런데 마음 중에서도 가장 알기 어려운 것이 바로 내 마음이다. 지금까지는 나 자신에 대해 내가 알아낼 수 있는 여러 면에 대해 살펴봤다. 하지만 여전히 우리가 하는 생각, 말, 행동에는 스스로도 이해할 수 없는 부분이 많다. 사실 알고 보면 내 마음속 내가 알 수 있는 부분은 빙산의 일각에 불과하다. 나머지 부분은 수면 아래 깊게 잠겨서 우리의 말과 행동에 영향을 주고 있지만 평소에는 의식하고 통제할 수 없다. 이것을 '무의식'이라고 한다.

그렇다면 무의식의 세계에는 대체 무엇이 있기에 우리는 우리 마음을 이토록 알기 어려울까? 정신분석학의 아버지로 불리는 오스트리아의 심리학자 프로이트(Sigmund Freud)가 말하는 무의식의 세계를 들여다보자.

이드(Id)

육체적인 욕망, 공격성 같은 동물적인 본능과 관련된 것들을 통틀어 일컫는 말이다. 말 그대로 본능의 영역이기 때문에 우리가 의식해 통제하기가 어렵다. 내 마음이지만 자아 바깥에 있는 셈이다. 예를 들어, 멋진 이성을 만나면 의식하지 않아도 마음이 끌리고 눈이 저절로 그쪽을 향해 따라간다. 맛있는 음식이 눈앞에 있으면 먹고 싶다는 생각부터 든다. 이런 과정은 우리가 의식하기도 전에 본능적으로 저절로 나타나는 생각이나 행동이다.

프로이트는 우리 마음은 대부분 이드로 이루어져 있다고 생각했고 주로 성적 욕구를 중심으로 이드를 설명했지만 반드시 그렇지만은 않다. 성욕이 중요한 부분을 차지하고 있는 것은 분명한 사실이지만 전부라고 할 수는 없다.

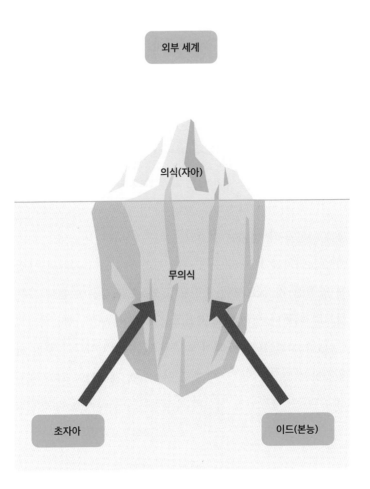

[프로이트의 무의식 이론]

초자아(Super Ego)

사람은 동물과 달리 학교나 회사와 같이 문명사회를 이루어서 살아간다. 문명사회는 문화, 규범, 도덕, 규칙 등을 만들고 그에 따라 질서를 유지한다. 만약 인간이 지닌 동물적인 본능을 통제하지 않는다면 인간 사회는 아수라장이 될 것이다. 그래서 모든 인간 사회는 이런 동물적인 본능을 억제하기 위해 도덕을 강조하고 사회 규범을 촘촘하게 만들고 있다.

그런데 사회적 약속이나 도덕, 규범 같은 외적인 강제성을 통해서만 우리 행동이 결정되는 것은 아니다. 버스나 지하철에서 노약자를 보면 나도 모르게 자리에서 일어나게 되고, 길에 떨어진 지갑을 보면 주인을 찾아 주고 싶은 마음이 드는 것처럼 너무나 당연하고 자연스럽게 받아들이고 행동하기도 한다. 즉 사회 규범, 도덕이 외부에 있는 것이 아니라 우리 마음속에 있는 것이다. 마치 우리 마음속에 재판관이 있는 것과도 같다. 이 재판관은 양심의 목소리처럼 우리 행동을 판단하고 꾸짖는데, 프로이트는 이것을 초자아라고 불렀다.

내가 '나'라고 부르는 자아는 무엇일까?

프로이트가 말하는 '자아'는 여태까지 자아와 정체성에 대해 공부했던 우리를 당황스럽게 만든다. 프로이트에 의하면 우리가 의식하고 있는 자아는 저 거대한 마음 중 이드와 초자아를 제외한 나머지에 불과하기 때문이다. 본능은 내 말을 듣지 않는다. 양심도 내 말을 듣지 않는다. 게다가 초자아인 마음속 재판관은 계속해서 이드를 억압한다.

그러니 내가 '나'라고 부르는 자아는 이드에서 초자아가 억압하고 남은 나머지에 불과하다. 대부분은 드러나지 않고 의식할 수 없는 무의식의 세계로 미뤄 놓는다. 하지만 긴장감이 풀어졌을 때 이 욕망들은 감옥을 탈출해 말실수나 꿈, 혹은 자기도 모르게 저지르는 행동으로 튀어나와 본모습을 드러내기도 한다.

모든 문장에는 '주어'가 있어. 아무리 훌륭한 내용을 담고 있고, 화려한 수식어로 장식되어도 주어가 제대로 정립되지 않은 문장은 그 의미를 파악하기 어려워. 우리의 삶이 문장이라면 주어는 바로 '자아'인 셈이지. 그리고 그 자아의 성격이 '정체성'이야. 정체성이 불분명한 자아는 삶의 주인공이 되기 어려워.

여러분은 이제 막 나를 알아 가기 시작한 것과 같아. 정체성이 수시로 바뀌는 건 줏대 없는 일이겠지만, 새로운 세상을 알고 나서도 정체성이 변하지 않는 고집 역시 미래 사회에 바람직하지 않아. 중요한 것은 새로운 지식과 정보를 얻는 과정에서, 또 정체성을 유연하게 바꾸어 나가는 과정에서 자아가 주체적이고 유연하게 스스로를 의식하고 주인공이 되는 일이지. 나를 알고, 나를 스스로 통제할 수 있는 여러분은 자기 인생의 주인으로 멋진 인생을 살아갈 수 있을 거야!

2장

공부하는 법을 공부하기
지식 정보 처리 역량 처방

중국의 천재 전략가로 알려진 손무는 《손자병법》에서 "적을 알고 나를 알면 백번 싸워도 지지 않는다."라고 말했어. 여기서 적을 우리가 대응해야 하는 세상이라고 생각해 보면 어떨까?

앞에서 '나'를 알아봤으니 다음은 '세상'을 알아볼 차례야. 자기 자신을 모르는 사람은 세상의 변화에 적응하지 못하겠지만, 자기만 아는 사람 역시 변화에 대응하기 어려워. 시간 단위로 새로운 뉴스와 정보가 쏟아져 나오는데, 이를 잘 활용하면 우리에게 필요한 지식을 얻을 수 있지만, 잘못 사용하면 쓰레기 더미를 떠안을 뿐이지. 수많은 정보에서 옥석을 가리고 필요한 지식으로 만들어 낼 수 있는 지식 정보 처리 역량이 필요한 이유겠지?

지식을 재료 삼아
지혜를 키우려면

우리 머릿속에 무언가 많이 들어 있다고 해서 그것이 모두 지식을 의미하지는 않는다. 또 지식이 많은 것과 제대로 아는 것은 다르다. 따라서 많이 아는 것 자체는 중요하지 않을 수도 있다. 예를 들어, 머릿속에 아무리 많은 것을 집어넣어도 우리의 기억력이 구글의 검색 엔진을 당할 수는 없다.

구글 서버에는 무엇이 들어 있을까? 소위 빅데이터라고 부르는 막대한 양의 자료가 있다. 이 자료는 요리에 비유하자면 고기, 채소, 과일 같은 식재료에 해당된다. 우리는 구글의 검색창을 이용해 재료를 고르고 손질하고 조리한 뒤 먹고 소화하고 흡수해 신진대사에 필요한 영양소를 얻는다. 따라서 구글 서버에 담긴 무수한 데이터만으로는 우리가 원하는 결과를 얻을 수 없다.

일반적으로 자료는 적절히 손질되지 않은 수치나 문자의 형태로 존재한다. 간혹 시험공부를 한다면서 덮어놓고 교재의 내용, 이런저런 문제집의 정답을 외우는 학생들이 있는데, 지식을 얻는 공부가 아니라 자료를 머릿속에 그대로 복사해 붙여 넣는 것에 불과하다.

이러한 수치와 문자의 무더기인 자료를 사용하려는 용도에 맞게 가공한 것이 정보다. 정보는 어떤 목적과 용도가 있기 때문에 단순히 수치와 문자의 무더기가 아니라 반드시 '~에 관한' 것이어야 한다. 예를 들어, 병원에 가면 체온계와 혈압계 등 다양한 도구를 이용해 건강 상태를 측정하고, 그 결과 이런저런 숫자와 문자 무더기가 발생하는데, 이게 자료다. 만약 병원에서 이 수치와 문자들을 진단과 치료라는 목적에 맞게 이런 식으로 정리해 두었다면 어떨까?

- **이름 : 권재원**
- **체온 : 38.7℃**
- **주요 증상 : 고열에 의한 두통과 근육통**

• 기타 증상 : 간헐적으로 나타나는 깊은 기침과 전신 무력증

이제 이 자료는 환자에 대한 정보가 된다. 이 정보가 의사에게 전달되면 의사는 비슷한 증상을 보인 다른 환자들의 정보를 바탕으로 일반적인 치료 지침이 있는지 확인할 것이다. 그게 바로 지식이다.

• 감기처럼 보이는 증상 중에 고열과 두통이 심하고 콧물과 기침 증상이 상대적으로 가벼운 경우에는 인플루엔자를 의심해야 하며, 타미플루, 소염제, 소화제를 처방한다.
• 감기처럼 보이는 증상 중에 고열과 두통보다 콧물과 기침이 많은 경우에는 단순 감기일 수 있으며 항생제 처방보다는 비타민C와 약간의 해열제를 처방한다. 코로나19일 가능성도 배제할 수 없으니 코로나 진단 키트로 확진 여부를 확인한다.

정보가 지식이 되는 과정에서 바뀐 것을 찾아보자. 우선 구체적인 환자의 이름이 사라지고 환자 일반에 대한 설명으로 바뀌었다.

일상생활에서도 이와 비슷한 사례를 떠올릴 수 있다. 은지

를 좋아하는 한 친구가 다른 친구에게 물을 때 "너 은지에 대한 정보 좀 없어?"라고 하지, "은지에 대해 지식 좀 없어?"라고 말하지 않는다. 하지만 우리 반 전체에 대해 "요즘 여자아이들은 어떤 걸 좋아하지?"라고 물어본다면, 이건 정보를 원하는 게 아니라 지식을 찾는 것이다. 롯데월드에 갈 때 "잠실 맛집 정보 있어?"라고 하지 "잠실 맛집 지식 있어?"라고 하지 않는 것이다. 하지만 '학교 근처 떡볶이가 맛있는 집과 맛없는 집을 구별하는 법'이라면? 이건 지식이다.

자료, 정보, 지식의 관계를 다시 한번 정리하자면, 이 세상에는 무수한 자료들이 있다. 그런데 이 자료들을 쓸모 있게 가공하면 정보다. 그리고 이 정보들을 종합하고 또 그것을 활용한 경험을 합쳐서 일반적인 지침으로 만들어 내면 그게 바로 지식이다.

아는 게 많으면 지혜로울까?

지식이 뛰어난 사람은 어떤 사람일까? 단순히 아는 게 많은 사람이 아니다. 자료와 정보가 충분히 주어졌을 때 그것을 활용해 상황에 맞는 지식으로 만들어 낼 수 있는 사람이다.

즉, 많이 아는 사람이 아니라 아는 것을 잘 활용할 수 있는 능력을 지닌 사람이다.

그렇다면 지식이 모이면 어떻게 될까? 여러 종류의 지식이 모이면 새로운 아이디어나 이론을 만들어 낼 수 있다. 이때 필요한 능력이 '지혜'다. 사실 "하늘 아래 새로운 것은 없다."라는 격언처럼 위대한 발견, 창조적인 작업의 대부분은 기존의 지식과 정보를 새롭게 해석하고 색다르게 활용하는 과정에서 만들어졌다. 이런 점에서 우리는 지식이 많은 사람과 지혜로운 사람을 구별한다. 지식이 많으면서 동시에 지혜롭기까지 하면 금상첨화겠지만, 그런 인물은 많지 않다. 역사적으로 위대한 인물들의 업적, 발명은 대체로 지식과 지혜의 컬래버레이션을 통해 이루어졌다. 특히 오늘날 우리가 살고 있는 지식 기반 사회에 필요한 인재는 아는 것이 많은 사람이 아니라 지금 필요한 것을 알아낼 수 있는 사람이다. 또 그렇게 알아낸 것들을 통해 창조적인 방향을 제시할 수 있어야 한다.

지금 우리에게 필요한 것은
과학 하는 태도

앞에서 지식과 정보의 습득보다 해석과 활용이 점점 더 중요해졌음을 강조했지만 오해하면 안 된다. 지식의 습득 자체가 필요 없다는 의미는 아니기 때문이다. 지식 기반 서비스가 발전했어도 공부는 여전히 중요하다. 예컨대 어느 수업에서 전문가로 알려진 강연자가 청중의 질문에 매번 구글을 검색해서 대답한다면 신뢰감을 줄 수 없을 것이다. 다만 우리 기억력에는 한계가 있다 보니, 방대한 지식을 닥치는 대로 받아들이지 말고 제대로 된 내용을 가려서 습득할 수 있어야 한다. 그런데 흥미로운 점은, 지식을 습득하는 과정에서 제대로 된 지식을 가려낼 능력을 익힐 수 있다는 사실이다.

그렇다면 제대로 된 지식을 얻는 방법은 뭘까? 오늘날 지식을 얻는 가장 유력한 방법은 바로 과학이다. 과학이라고 하면 실험실, 복잡한 수식 혹은 과학책에 나오는 어려운 이론들을 떠올리게 된다. 그런데 그것들은 과학이 아니라 과학을 통해 알아낸 지식이다. 엄밀히 말하면 과학은 '특정 지식이 아니라, 지식을 획득하기 위한 방법과 태도'라고 할 수 있다. 그래서 우리는 자연에 대한 지식을 얻으려는 학문을 자연 과학, 사회에 대한 지식을 얻으려는 학문을 사회 과학, 인간의 생각과 마음에 대한 지식을 얻으려는 학문을 심리 과학 혹은 인지 과학이라고 말한다.

그렇다면 과학적 방법은 무엇일까? 논리적 과정을 통해 얻은 잠정적인 결론인 가설을, 경험적 증거에 의한 증명을 통해 지식으로 만들어 가는 방법이다. 요약하면 논리와 증거, 두 단어로 설명할 수 있다. 이 논리와 증거라는 잣대에 맞지 않는 주장은 모두 의심하는 것이 바로 과학의 첫걸음이라고 할 수 있다. 반대로 설명이 논리적이고 경험적인 증거가 분명하다면 아무리 자기 생각이나 취향에 맞지 않더라도 기꺼이 받아들여야 하고, 또한 어제까지 모두가 인정했던 지식도 그것을 부정하는 새로운 증거인 반증이 나왔을 때 기꺼이 기존 지식을 포기할 수 있어야 과학적 태도라고 할 수 있다.

따라서 과학적 사고를 지닌 사람은 어떤 주장을 들을 때 주장하는 사람이 아무리 확신을 가지고 말하더라도 논리적이지 않으면 가설로도 취급하지 않는다. 설령 주장하는 사람이 유명하고 영향력 있는 사람이라고 해도 마찬가지다.

진정한 과학적 사고는 무엇일까?

과학적으로 사고하며 산다는 것은 때로는 큰 용기를 필요로 한다. 예를 들어, 미국에서는 1950년대까지만 해도 흑인이 백인보다 지적으로 열등하고, 범죄 성향이 더 강하다는 생각이 지배적이었다. 증거는 없어도 워낙 많은 사람이 그렇게 믿고 있었기 때문에 "그렇지 않다. 증거가 없으니 흑인도 백인과 동등하다."라는 주장을 펼치기가 매우 어려운 분위기였다. 물론 과학적으로 어떤 증거도 없는 편견일 뿐이었다.

이처럼 과학은 대중이 당연하게 믿고 있는 '상식'과 충돌하기도 한다. 그렇기 때문에 과학적인 사람은 얼마나 많은 사람들이 그 주장을 믿고 있는가가 아니라 오직 그 주장이 논리적으로 타당하며 경험적인 증거가 있는가에만 관심을 가져야 한다.

그렇다고 해서 아무거나 다 증거가 되는 건 아니다. "내가 봤어." 혹은 "신께서 그렇게 말씀하셨어." 같은 대답은 논리적인 증거가 될 수 없다. 증거가 되기 위한 조건은 첫째, 세상에서 실현 가능해야 하고, 둘째, 여러 번 반복하더라도 똑같은 결과가 나와야 한다. 예수님의 계시는 이 세상에서 실현 가능하지 않기 때문에 증거가 될 수 없고, "내가 봤어."라는 경험은 나 외에 다른 사람들도 같은 상황에서 같은 결과를 볼 수 있을지에 대해 말해 주지 않기 때문에 증거라고 할 수 없다.

그래서 과학자들은 실험을 한다. 실험은 일단 '내가 해 보는 것'이긴 하지만 도구, 절차, 과정을 정확하게 정해 놓음으로써 내가 아니라 누가 해도 똑같은 결과가 나올 수밖에 없는 조건을 만들어 두는 것이다. 실험은 "내가 해 보니까 이런데, 이건 꼭 내가 해서가 아니라 누가 몇 번을 반복해도 마찬가지야."라고 주장하는 것과 같다. 다음 예시를 보자.

가설: 쥐에게 클래식 음악을 들려주면 번식력이 향상된다.

이 가설을 증명하려면 어떻게 해야 할까? 당연히 쥐들에게 클래식 음악을 들려주고 개체 수가 늘어나는지 세어 보면 될 것이다. 하지만 그것만 가지고 클래식 음악의 효과라고 할 수 있을까? 쥐들은 원래 번식력이 왕성하니까 음악을 들려주지 않아도 숫자가 빠르게 늘지 않을까?

그래서 과학자들은 이런 경우, 쥐들을 두 집단으로 나누고 한 집단에는 클래식 음악을 들려주고 다른 집단에는 들려주지 않는다. 이때 클래식 음악이라는 조건 변화 외에 두 집단의 특징과 환경 조건은 같아야 하는데, 이 경우 클래식 음악을 들려준 집단을 '실험 집단', 들려주지 않은 집단을 '통제 집단'이라고 한다.

이제 각 실험용 쥐 30마리씩 실험 집단과 통제 집단으로 놓고, 실험 집단에만 클래식 음악을 들려주되 먹이, 환경 등 다른 조건은 통제 집단과 똑같이 유지한다. 두 달이 지난 뒤 두 집단의 개체 수를 세어 봤는데 실험군의 개체 수는 60마리, 통제 군의 개체 수는 50마리라면? 실험 집단에서 열 마리가 더 늘어난 원인이 클래식 음악 때문이라고 생각할 수 있을 것이다. 여러 번 반복해도 실험 집단의 개체 수가 늘 더 많았다면 이 같은 결론은 더욱 설득력을 얻게 된다. 과학자들은 바로 이런 절차를 통해 하나하나 과학적 법칙을 찾아 나간다.

가짜 과학은 왜 진짜 같을까?

하지만 세상에는 과학적 방법을 제대로 지키지 않고서 과학자들과 비슷한 용어를 사용하며 사람들을 현혹하는 주장이 있다. 우리는 이런 주장을 가짜 과학 또는 유사 과학이라고 한다. 대체로 가짜 과학은 다음과 같은 특징을 가지고 있다.

근거에 비해 강한 주장: 과학자들은 조심스럽게 접근하며 다양한 가능성을 전제로 말하는 경향이 있다. 듣는 이에 따라서는 자신 없는 말투로 들리기도 한다. 가령 "다음과 같은 조건 아래서"라는 단서를 단 다음, "이와 같은 일이 발생할 가능성이 높다고 예측할 수 있다." 같은 식으로 말한다. 오류 가능성을 늘 염두에 두기 때문이다. 그러니 근거에 비해 확신을 가지고 단언하는 주장, 많은 것들을 단번에 설명할 수 있다고 자신 있게 말하는 주장은 일단 의심하는 것이 좋다.

외부 변인을 통제: 가짜 과학도 실험 자료를 제시하며 증거가 있다고 주장하는 경우가 많다. 이때 중요한 게 통제 집단이다. 확실한 통제 집단을 둔 실험 결과가 아니라 그냥 해 보니 되더라 식의 주장을 하고 있다면, 설사 경험적 증거가 있다 하더라도 가짜 과학을 의심해 봐야 한다.

반증 가능성: 반증은 어떤 사실이나 주장이 옳지 않음을, 그에 반대되는 근거로 증명하는 것이다. 과학자들은 어떤 주장을 할 때 반증 가능성을 염두에 둔다. 그래서 어떤 종류의 증거가 나올 때 자기주장이 증명되거나 무너지는지를 분명하게 밝힌다. 그러나 가짜 과학은 자기주장이 옳다는 증거는 명시하지만 틀렸다는 증거의 가능성은 부정한다.

증거를 취사선택: 가짜 과학은 여러 증거 중 자기에게 유리한 증거만 취사선택하는 경우가 많다. 반대되는 증거는 무시하거나 평가 절하하면서 유리한 증거만 강력하게 주장하는 것이다. 세상에 떠도는 대부분의 음모론이 이런 특징을 갖고 그럴듯한 증거를 나열해 사람들을 속이곤 한다. 그러나 반증 가능성을 무시하고 취사선택한 증거로는 어떠한 것도 증명할 수 없으니 속지 말자.

일하는 뇌, 알고 쓰자

지금까지 정보와 지식의 차이를 이해하고 지식을 바르게 습득하는 과학 하는 태도에 대해 알아봤다. 이제부터는 지식을 얻고 저장하는 일이 일어나는 뇌에 대해 알아보자. 우리 몸의 컨트롤 타워라고 할 수 있는 뇌는 보고, 듣고, 맛보고, 느끼고, 움직이는 모든 것들이 이루어지는 곳이다. 동시에 흥미롭게도 우리가 인체에서 가장 모르고 있는 부분이기도 하다.

뇌의 정의와 기능

뇌는 도대체 무엇일까? 딱딱한 머리뼈 속에 든 호두처럼 주름이 자글자글한 기관일까? 맞는 대답이지만 뇌는 그 모양이 아니라 기능을 가지고 정의할 필요가 있다. 어떤 생물체가 감각 기관을 통해 받아들인 외부의 정보에 따라 신체의 움직임을 통제하는 기관을 가지고 있다면 뇌에 해당한다고 볼 수 있다. 기본적으로 뇌는 외부의 정보를 받아들이는 감각 기관과 그 정보에 따라 운동과 행동을 지시하는 운동 중추로 이루어진다. 이 감각과 운동이 단순하면 뇌도 단순하고, 복잡하면 뇌도 복잡하다.

바퀴벌레 같은 곤충은 뇌(뇌라고 하기엔 좀 민망하다)에 "꼼짝마.", "달려.", "방향을 바꿔." 같은 기초적인 운동 명령이 프로그래밍되어 있다. 이 단순한 운동 명령 중 어떤 명령을 내릴지는 발과 더듬이를 통해 들어오는 정보에 따라 결정되는데, 생각의 과정에서 이루어진다기보다는 거의 반사적인 결과에 가깝다. 특정한 자극에 대응하는 특정한 운동 명령들이 자동으로 내려지도록 되어 있는 것이다. 원시적으로 보이지만 곤충에게는 매우 요긴한 기능이다.

예를 들어, 지네는 초당 수십 번 방향 전환을 할 수 있는데 만약 지네가 다음 동작을 할 때마다 더듬이를 통해 들어온 정보를 해석하고, 어떻게 행동해야 할지 생각한 뒤 결정한다면 아마 지금처럼 빨리 움직이지는 못할 것이다.

인간도 반사적으로 반응하는 경우가 있다. 그러나 대부분은 뇌가 감각 기관을 통해 획득한 정보를 해석하고 다음 행동을 결정한다. 그래서 인간의 뇌는 벌레, 파충류 같은 동물들과 달리 신체에서 가장 거대하고 무거운 기관으로 진화했다.

저마다의 역할을 수행하는 뇌의 기관

우리 뇌에는 무려 1,000억 개의 신경 세포, 1,000조 개라는 엄청난 수의 신경 연결망(시냅스)이 들어 있다. 우리가 섭취한 영양분을 가장 많이 소모하는 기관 역시 뇌다. 뇌의 각 기관은 어떤 일을 하는지 알아보자.

큰골(대뇌)

사람의 뇌는 크게 큰골과 작은골 그리고 뇌간으로 이루어져 있다. 그중 전체의 80퍼센트를 차지하는 것이 큰골이다. 대뇌라고도 하며 표면에 주름이 많고 좌우 대칭을 이루는 두 개의 반구로 이루어진다. 그 사이를 뇌량이 연결하고 있다.

흔히 좌뇌라고 부르는 왼쪽 반구가 언어적 사고, 논리적 사고를 담당하고, 우뇌인 오른쪽 반구가 직관적 사고, 예술적 사고를 담당한다고 알려져 있다. 하지만 반드시 그런 것은 아니다. 큰골에서 언어, 논리적 사고를 담당하는 부분과 영상, 이미지로 생각하는 부분이 구별되는 건 사실이다. 실제로 우리가 생각하는 방식을 떠올려 보면, 두 가지 방식으로 사고하는 것을 알 수 있다. 하나는 말이고 다른 하나는 영상이다. 그러니까 큰골에는 도서관과 영화관이 각각 어딘가에 자리 잡고 있는 셈이다.

우리가 생각할 때 이 두 가지 방식인 말과 영상이 각각 별개로 작용하는 것이 아니라 동시에 작용한다. 예를 들어 독서를 하는 동안 우리 뇌의 한쪽 부분은 글자를 읽고 그 뜻을 이해하기 위해 작동한다. 동시에 다른 부분에서는 글자체, 글자 크기, 종이 색깔, 편집의 아름다움 따위를 느낄 수 있다. 책을 읽을 때 우리는 이 중 어느 한쪽만 생각하지 않는다. 그래서 출판사는 책을 만들 때 책의 내용 못지않게 디자인에도 신경을 쓴다. 디자인이 근사하면 같은 내용이라도 훨씬 좋은 책으로 독자에게 다가갈 수 있기 때문이다.

큰골은 생각만 담당하는 곳이 아니라 우리 몸의 움직임도 담당한다. 몸의 움직임에는 내 생각과 무관하게 알아서 움직이는 경우가 있는가 하면 의도적으로 생각하고 움직이는 경우가 있는데, 이렇게 생각해서 움직이는 운동을 통제하는 일을 전부 큰골이 관장하고 있다. 그래서 큰골이 손상되면 팔다리를 생각대로 움직이기 어려워진다. 그러나 심장, 내장의 근육처럼 굳이 생각하지 않아도 움직이는 근육들은 멈추지 않는다.

놀라운 사실은 큰골에서 생각을 담당하는 영역이 뇌의 껍질이라고 할 수 있는 대뇌의 바깥 부분에 불과하다는 점이다. 이 부분을 대뇌의 껍질이라는 뜻의 '대뇌 피질'이라고 부른다. 이 껍질을 다시 위치에 따라 전두엽, 측두엽, 두정엽, 후두엽으로 나누는데 각각 다른 종류의 생각을 담당한다.

앞쪽 이마 부위에 있는 '전두엽'은 언어와 감정을 다룬다. 이 부분이 손상되면 말을 제대로 하지 못하고, 분노를 조절하지 못하거나 감정을 느끼지 못하는 등의 문제가 생긴다. 끔찍한 범죄를 저지르는 사이코패스들은 전두엽이 싸늘하게 식어 있는 경우가 많다.

관자놀이 쪽에 있는 '측두엽'은 귀 옆에 위치하며 청각 정보를 처리한다. 이 부위가 손상된 사람들은 책으로 된 정보는 잘 읽지만, 사람이 하는 말은 이해하지 못하는 경우가 많다.

또 측두엽은 사람의 얼굴을 알아보는 기능도 가지고 있다. 우리는 측두엽 덕분에 친구의 얼굴을 보고 누가 누구인지 구별할 수 있는 것이다. 또 측두엽 안쪽에는 기억 저장 장치인 해마가 있다. 술을 많이 마시면 해마가 마비되기도 하는데, 흔히 '필름이 끊어졌다.'라고 표현하는 상황이 된다. 만취한 상태의 기억이 제대로 저장되지 않는 것이다. 치매 환자들이 건망증에 잘 걸리는 것도 바로 해마가 손상되거나 위축되어서다.

정수리 근처의 '두정엽'은 대뇌의 윗부분이다. 이곳은 신체 감각을 통해 들어온 정보를 처리한다. 우리는 실제로 우리 배 속을 보지 못하지만 두정엽이 있기 때문에 위장을 느끼고 창자를 느낄 수 있다.

뒤통수에 있는 '후두엽'은 시각을 담당한다. 눈으로 들어온 정보들이 여기서 처리된다. 간혹 친구들끼리 장난으로 뒤통수를 때리기도 하는데 세게 맞으면 눈앞이 캄캄해진다. 실제로 뒤통수에 큰 충격을 받아 시력이 크게 떨어지는 사례들이 많으니 조심해야 한다.

작은골(소뇌)

소뇌라고도 하는 작은골은 이름처럼 크기가 자그마하다.

야구공만 한 크기로 좀 더 본능적인 신체 통제를 담당하는 곳이다. 우리가 굳이 생각하지 않고도 어떤 동작을 하는 경우가 있는데 이것이 바로 작은골의 작용이다. 사람은 음악을 들으면서 자동차를 운전할 수 있고, 옆 사람과 얘기하면서 거리를 걸을 수도 있다. 우리가 흔히 어떤 동작이 "몸에 익었다."라고 말하는 게 바로 작은골에 프로그램으로 저장됐다는 뜻이다. 야구 선수가 빠르게 날아오는 공을 생각하지 않고 잡을 수 있고, 피아니스트가 그 많은 건반의 어디를 누를지 생각하지 않고 끊김 없이 연주할 수 있는 게 다 작은골 덕분이다.

그러니 작은골이 손상되면 아무리 연습해도 그 동작이 몸에 익지 않을 것이고, 자전거나 스키도 탈 수 없다. 심지어 걷는 것조차 힘들어질 수 있다. 물론 걸을 수는 있겠지만 한 걸음 한 걸음 옮길 때마다 다음 발을 디딜 곳을 생각하면서 걷게 된다. 또 작은골은 우리 몸의 균형 감각을 담당한다. 작은골은 알코올 성분에 약한데, 술을 많이 마신 사람이 균형을 못 잡고 휘청거리는 이유도 균형 감각을 담당하는 소뇌가 충격을 받았기 때문이다.

뇌줄기(뇌간)

뇌가 명령을 내리면 척수(등골)를 통해 신체 각 부위로 전달된다. 뇌줄기는 바로 이 뇌와 척수를 연결한다. 뇌에서 가장 오래된 부위이며 그만큼 가장 원초적인 생명 기능을 담당하고 있다. 심장 박동, 혈액 순환, 체온 조절, 식욕, 각종 호르몬 분비 등 원초적인 생리 기능이 이곳에서 관리된다. 가령, 큰골이 손상되면 말과 생각에 문제가 생기고 몸을 마음대로 움직이지 못하게 된다. 작은골이 손상되면 몸의 균형을 잡기 어렵고 어떤 동작을 익히지 못한다. 그런데 만약 뇌줄기가 손상된다면? 그땐 우리가 '뇌사'라고 부르는 상태가 된다. 그만큼 매우 중요한 부위라고 할 수 있다.

뇌줄기는 다음 몇몇 부위들로 나뉘는데, '연수'는 심장과 허파의 움직임을 관리한다. 연수가 손상되면 심장이 뛰지 않고 숨을 쉴 수 없기 때문에 죽음에 이르게 된다. '시상'은 감각 및 운동 계통을 통합한다. 감각 계통을 통해 보거나 들어서 얻은 정보에 따라 판단하고 움직일 수 있도록 대뇌로 가는 정보를 통합해 처리한다. '시상 하부'는 기초적인 신체 대사의 유지를 담당한다. 배고픔, 추위, 더위에 따른 각종 신체 반응과 각종 호르몬이 시상 하부에서 만들어진다.

배움이 일어나는 과정

우리 몸에서 정보와 지식을 관리하는 뇌에 대해서 알아봤으니 이제는 정보와 지식을 얻는 과정, 즉 배우는 과정을 한번 알아보자.

인간의 학습에 대해서는 두 가지 대립되는 의견이 있다. 첫 번째는 배움과 지식은 원래부터 타고난다는 주장이고, 두 번째는 후천적으로 얻은, 외부 세계와의 경험에 의한 기록에 가깝다는 주장이다. 우리가 선천적으로 배움의 역량을 타고났다면 지금처럼 힘들게 공부할 필요가 없을 것이다. 그래서 언뜻 두 번째 주장이 맞는 것 같지만 그렇게 간단하지만은 않다.

배움은 이미 아는 것을
깨우치는 과정

첫 번째 주장의 가장 극단적인 이론은 바로 플라톤의 진리 인식에 대한 '상기론'이다. 이 학설에 따르면, 우리는 알아야 할 것을 다 알고 있는 상태로 태어나며, 우리가 이미 알고 있는 것을 돌이키는 것이 배움이라는 이론이다. 우리가 이미 알고 있다니 도대체 어디서 배웠다는 말일까? 플라톤에 의하면 천상의 세계, 이데아의 세계 같은 곳에서 배웠다고 한다. 즉 영혼의 세계에서 이미 다 배운 것을 육체를 가진 사람으로 태어나면서 잊었는데, 그것을 다시 하나하나 상기해 나가는 과정이 배움이라는 주장이다. 그러니 교육이란 새로운 것을 가르쳐 주는 게 아니라 이미 알고 있는 것을 깨우쳐 주는 과정인 셈이다. 플라톤의 스승인 소크라테스의 교육 방법을 산파술*이라고 한 것도 같은 이유다.

산파술의 산파는 출산을 돕는 사람을 의미한다. 즉, 경험이 많은 산파가 아이를 낳는 산모를 도와주는 기술이다. 아이가

---

* 산파술 상대에게 질문을 던져 스스로 무지(無知)를 깨닫게 함으로써 사물에 대한 올바른 개념에 도달하게 하는 방법.

산파에게 있는 게 아니라 산모에게 있고, 아이를 낳는 당사자도 산파가 아니라 산모이듯, 선생은 학생이 이미 자기 안에 가지고 있는 지식을 스스로 끄집어내도록 도와주는 사람이라는 뜻이다.

교육을 뜻하는 education의 어원도 고대 로마의 라틴어에서 '밖으로'를 뜻하는 'e'와 '끌어냄'을 뜻하는 'duco'가 합쳐진 단어다. 원래 가지고 있던 것을 밖으로 끄집어내도록 한다는 의미다. 교육자는 학생에게 뭔가를 집어넣는 사람이 아니라 학생 안에 있는 역량을 밖으로 이끄는 사람인 셈이다.

이렇게 배움을 이미 내 안에 있는 것을 깨우치는 과정으로 보는 사고방식은 오늘날에도 뿌리 깊게 남아 있다. 마음공부, 내면 공부, 내면의 탐구, 마음의 눈 같은 말들은 아직도 널리 사용되고 있다. 주입식 교육에 대한 반감과 그 대안으로 학생의 잠재력 개발이나 타고난 적성과 소질을 계발하는 것이 진정한 교육이라는 목소리도 있다. 또한 교사는 가르치는 사람이 아니라 조력자이자 안내자일 뿐이고, 어른들은 아이들을 믿고 기다려 줘야 한다는 주장도 있는데 모두 여기서 출발한 이론이다.

어쩌면 상기론이 조금은 황당하게 느껴질 수도 있다. 그러나 실제로 우리가 알고 있는 지식이나 할 수 있는 일 중에 따로 배우지 않았음에도 이미 알고 있거나 할 수 있는 것들이 많다. 예를 들면, 논리학을 따로 배우지 않아도 대부분의 사람은 어떤 분쟁이 생기거나 판단해야 할 문제가 생겼을 때 나름의 이치를 따져서 생각할 줄 안다. 또 논리적으로 차근차근 설명하면 이해할 수 있는 능력도 있다. 그렇다면 사람들은 대체 어디서 논리를 배운 것일까?

플라톤이라면 "이데아의 세계에서 이미 다 배워서 알고 있던 것들이다."라고 말할 것이고, 데카르트라면 "원래부터 머릿속에 장착되어 있는 본래의 관념이다."라고, 칸트라면 "인간의 순수 이성*의 본성이다."라고 이야기할 것이다.

그런데 이렇게 안으로부터의 배움을 강조하다 보면 문제가 생긴다. 감각 기관을 통해 들어오는 정보, 즉 후천적 경험을 불신하거나 경시하는 문제가 생긴다. 눈, 코, 입, 귀 같은 감각 기관은 외부 세계의 경험을 우리 내면으로 가져오는 통로다. 진정한 배움이 우리 안에서 일어나는 것이라면 감각 기관을

---

* 순수 이성 경험이나 인식을 가능하게 하는 인식 능력으로, 크게는 신, 세계, 영혼 따위의 선천적 이념의 인식에 관계되는 고차원적인 인식 능력.

통해 얻는 경험은 과연 무엇일까?

플라톤이라면 감각 기관을 통해 얻은 경험은 오히려 진정한 배움을 방해한다고 말할 것이다. 데카르트라면 이렇게 얻은 경험에 의한 지식은 불완전하며 신뢰할 수 없다고 할 것이다. 외부 세계와 무관하게 순수하게 우리 마음 안에서만 이루어지는 배움이라야 100퍼센트 믿을 수 있다고 말할 것이다.

그런데 이런 식의 생각은 오늘날에도 강하게 남아 있다. 학교 시간표를 한번 보자. 수학 과목이 얼마나 중요하게 다뤄지는지 알 수 있을 것이다. 수학은 감각 경험의 도움 없이 오직 내 안의 논리만을 이용해 발견하고 확인할 수 있는 지식 체계다. 수학적 지식은 직접 해 보지 않고도 그럴 수밖에 없다고 증명된 법칙들, 증명 없이도 명백한 공리들과 그 공리들을 근거로 증명된 여러 정리들로 이루어져 있다. 감각 기관을 통해 얻은 경험적 지식들은 이런 수학적, 논리적 추론의 체계에 들어와야만 지식의 재료가 된다. 이런 사고방식을 '합리주의'라고 한다. 이성적, 합리적 추리를 통해서 진정한 배움을 얻을 수 있다는 뜻이다.

배움은 빈 칠판에
지식을 채우는 과정

한편 외부 세계의 정보를 우리 안으로 가져와야만 지식을 얻을 수 있다는 주장도 있다. 가장 대표적인 이론이 '빈 칠판(tabula rasa)'론이다. 사람이 태어날 때는 마음에 아무것도 적혀 있지 않고, 다만 정보를 받아들일 감각 기관과 이것을 저장하고 처리할 뇌만 가지고 태어난다는 주장이다.

물론 지금 우리 마음은 텅 비어 있지 않고 많은 지식과 정보가 넘실거린다. 복잡한 문구와 공식이 빼곡히 적혀 있는 칠판처럼 말이다. 그렇다면 이게 다 어디서 왔을까? 칠판이 스스로 적을 수는 없으니, 칠판에 적힌 것들, 우리 마음에 들어 있는 무수한 정보와 지식은 모두 외부 세계에서 감각 기관을 통해 들어온 것이다. 즉, 경험의 결과라는 것이다. 이런 식으로 배움을 바라보는 관점을 '경험주의'라고 한다.

경험주의 역시 우리 교육에 큰 영향을 주고 있다. 학교에서는 체험 학습에 많은 비용과 시간을 써 가며 학생들의 참여를 유도한다. 또 수업 개선을 위해 노력하는 선생님들도 대체로 학생들이 직접 뭔가를 해 보는 방식을 선호한다.

그런데 문제는 무엇이든 닥치는 대로 보고, 닥치는 대로 경

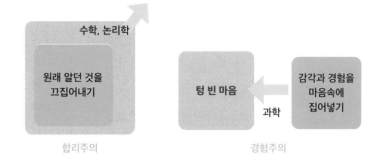

합리주의   경험주의

[학습에 대한 두 가지 관점]

험한다고 해서 지식을 얻는 게 아니라는 점이다. 칠판에 욕이 적히느냐 시가 적히느냐는 매우 다르다. 그래서 더 많은 경험을 하고 더 많은 것을 보고 들은 사람, 이미 수많은 시행착오를 거쳐 자신의 칠판을 올바르게 채운 사람, 즉 선생님의 도움이 필요하다. 경험주의자들이 생각하는 배움은 선생님의 도움을 받아 그들의 경험을 전수받고, 적절하고 다양한 경험을 통해 비어 있던 마음을 멋지게 채워 나가는 것이다.

　배움의 과정을 이런 식으로 생각하게 되면 자연스럽게 과학처럼 기술적이고 실용적인 학문을 더 중요하게 여기게 되고, 철학, 수학, 논리 같은 학문을 이른바 허황된 논리인 탁상공론으로 치부하기도 한다.

우리의 마음 칠판,
언제 어떻게 채워질까?

자, 그럼 둘 중 어떤 것이 옳을까? 이쪽 말을 들어 보면 이쪽이 옳고, 저쪽 말을 들어 보면 저쪽도 옳다. 왜냐하면 우리의 학습 과정에는 두 가지 속성이 다 있기 때문이다. 독일의 철학자 이마누엘 칸트(Immanuel Kant)는 두 가지 이론을 다 비판했다. 합리주의와 경험주의 모두 우리가 앎에 이르는 과정을 단편적으로만 봤기 때문이다.

칸트는 우선 우리의 배움이 감각을 통한 경험에서 비롯된다는 점을 분명히 했다. 지식의 원천은 감각 기관을 통해서 들어오지만 경험론자들의 주장처럼 우리 마음이 '빈 칠판'인 것만은 아니라는 것이다. 그래서 우리 마음에는 이미 무언가 잔뜩 적혀 있는데, 특정 지식이 아니라 '생각하는 방식'이 적혀 있다고 주장했다. 이 생각하는 방식은 외부로부터 배운 것이 아닌 인간의 본성이기 때문에 우리는 태어날 때 이미 일정한 방식으로 생각하게끔 되어 있다는 주장이다.

칠판으로 다시 돌아가 볼까? 칸트에 의하면 우리 마음은 감각과 경험을 통해 얻은 것들이 그대로 적히는 빈 칠판이 아니라, 이미 이런저런 방정식과 표가 그려져 있는 칠판이다. 따라서 감각과 경험을 통해 얻은 것들은 그대로 적히는 게 아니라 그 방정식이 성립되도록 정해진 자리에, 그리고 빈칸이 제대로 완성될 수 있는 자리에 적혀야 한다. 이렇게 미리 적혀있는 방정식과 빈칸을 칸트는 '순수 이성'이라고 불렀다. 다시 말해, 우리는 감각과 경험을 통해 얻은 정보를 순수 이성이라는 컴퓨터에 집어넣어 지식을 만드는 셈이다.

정리하자면 생각하는 방식은 따로 배우는 게 아니라 우리 안에 이미 입력되어 있고, 생각할 내용은 밖에서 가지고 들어와야 한다. 한편으로는, 우리는 순수 이성이 생각하는 방식에 꿰맞출 수 없는 주제나 내용에 대해서는 영원히 안다고 말할 수 없다.

'나 홀로' 공부로는 절대 못 이기는
'함께' 공부의 힘

배움에 관해 이야기하다 보면 보다 근본적인 궁금증이 생긴다. 사람은 왜 배우는 것일까? 내 안의 것을 끄집어내든 바깥의 지식을 입력하든, 어느 쪽이든 배워야겠다는 마음을 갖는 이유가 무엇일까?

배움을 통한 인지 구조의 변화

스위스의 심리학자 장 피아제(Jean Piaget)에 따르면, 우리의 공부는 '새로운 것' 때문에 발생하는 불균형을 해소하는 과정이라고 한다. 다음의 그림을 보자.

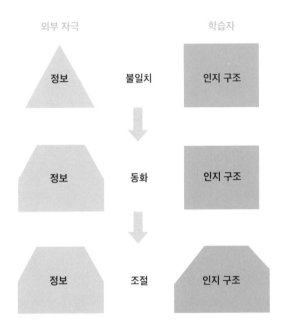

외부 자극 학습자

정보 불일치 인지 구조

정보 동화 인지 구조

정보 조절 인지 구조

[외부 자극에 따른 학습자의 인지 과정]

오른쪽은 학습자의 마음이다. 칸트에 따르면, 우리 마음은 텅 빈 칠판이 아니고, 생각의 방식뿐만 아니라 그 내용까지도 상당 부분이 미리 저장돼 있다. 따라서 태어나고 생활한 가족, 사회, 문화, 습관, 그동안 보고 듣고 겪은 중요한 것들은 우리 마음속에 들어와 기존의 프로그램과 결합해 단단한 구조를 이루게 되는 것이다. 이렇게 우리 마음이 생각하는 방식과 생각의 내용, 경험 등이 구조화된 것을 스키마(scheme)*, 또는 인지 구조라고 한다.

다시 앞의 그림을 보면, 외부에서 새로운 정보와 자극이 들어오는데 인지 구조가 이걸 처리할 수 있으면 바로 처리해서 기억하지만, 처리가 안 될 경우 불균형 상태가 된다. 그래서 우리는 새로운 정보를 인지 구조가 처리할 수 있게 뜯어고쳐 균형을 찾으려고 한다. 이처럼 입력된 정보를 우리의 인지 구조에 맞도록 고치는 과정을 '동화'라고 한다.

그런데 아무리 뜯어고쳐도 너무 새롭고 낯선 정보라서 도저히 동화가 안 되면 어떻게 할까? 그때는 컴퓨터와 마찬가지로 우리의 인지 구조를 업그레이드해야 한다. 이렇게 업그레이드된 인지 구조는 이전보다 훨씬 더 많은 자극과 정보를 처리할 수 있게 되는데, 이 과정을 '조절'이라고 한다. 이렇게 동화와 조절의 과정을 거치고 나면 낯선 정보나 자극 때문에 일어났던 불균형이 사라지고 우리 마음은 다시 안정적인 상태

---

* 스키마 윤곽이나 형태라는 뜻으로, 사물이나 현상을 과학적으로 취급할 때 표준으로서 사용될 수 있는 보편적인 형식을 이르는 말.

로 돌아가며 이전보다 나은 버전이 되는 것이다.

피아제에 따르면, 동화와 조절을 통한 균형 회복 과정이 바로 우리가 배우고 공부하는 과정이다. 결국 배움의 결과는 우리 머릿속에 정보의 양이 얼마나 늘었느냐에 따르는 것이 아니라, 우리의 인지 구조가 얼마나 바뀌고 확장됐느냐에 따르는 것이다.

암기만으로 되지 않아, 고차 사고력

미국의 교육심리학자 벤저민 블룸(Benjamin Bloom)은 사람의 인지 능력을 저차 사고력과 고차 사고력으로 나누었다. 배움에도 단계와 등급이 있다는 말이다. 저차 사고력은 정보와 지식을 습득하고 기억한 뒤 필요할 때 꺼내 쓰는 사고력이다. 고차 사고력은 배운 정보와 지식의 의미 그리고 가치를 평가하고, 다른 대안을 모색하고, 이를 가공해 새로운 지식으로 창조하는 능력이다.

그렇다면 우리나라 중고등학생들은 고차 사고력을 익히고 있을까? 안타깝게도 학교나 학원의 수업은 저차 사고력에 머물고 있다. 대학교에 들어가면 달라질까? 소위 명문대생마저

[고차 사고력에 대한 비고츠키의 이론]

도 강의에서 배운 내용을 암기식으로 학습해 시험을 보고 학점을 받는다.

그렇다면 왜 우리나라 학교에서는 고차 사고력을 기르는 교육이 안 되고 있을까? 러시아의 교육심리학자 레프 비고츠키(Lev Vygotsky)는 '나 홀로 공부'를 통해서는 절대 고차 사고력을 획득할 수 없다고 말한다. '사회적으로 매개된 활동'을 통한 도약이 이루어지지 않으면 획득할 수 없다는 것이다.

고차 사고력은 분석, 추론, 평가, 창조 같은 능력이다. 주어진 지식을 그대로 머릿속에 집어넣었다가 필요할 때 꺼내 쓰는 수준이 아니라, 습득한 지식을 요모조모 비판적으로 따져본 뒤 대안까지 생각해 내는 수준의 능력이다. 과연 이런 식의 비판적인 사고가 혼자만의 힘으로 길러질까?

비판적이라는 것은 상대방의 존재를 전제로 한다. 서로 다른 견해와 취향, 능력을 지닌 사람들이 모여야 비판도 가능하고 대안 모색도 가능하기 때문이다.

세계의 아이디어 공장이라고 불리는 구글의 사무실 풍경이 좋은 사례이다. 구글의 사무실은 마치 어른들을 위한 놀이터를 연상시킨다. 서로 다른 일을 하는 사람들 여럿이 어울려 대화하고 놀며 일할 수 있도록 배치되어 있다. 마치 놀이터 같은 환경에서 직원들이 자연스럽게 창의적인 아이디어, 즉 고차 사고력을 키울 수 있도록 고안한 것이다.

이처럼 고차원적인 사고는 더 많은 사람과 소통할수록 발달한다. 특히 나와 소통하는 대상들이 서로 다른 생각과 관심사, 능력을 가진 다양한 사람일수록 서로의 비판 정신을 자극하고 다른 주제로 확장해 나갈 수 있다.

사회나 국가 시스템이 없는 자연 상태에서 인간의 능력이란 보잘것없어 보여. 새처럼 날지도, 말처럼 빠르게 달리지도, 개처럼 냄새를 맡지도 못하잖아? 하지만 실망할 것 없어. 우리는 태어날 때 없던 능력을 배움을 통해 쌓아 갈 수 있으니까.

그런데 우리가 살아가는 세상은 엄청나게 많은 정보로 가득해. 이 정보를 무작정 습득하는 것은 불가능하겠지? 우리에게 필요한 건 정보를 가려내고, 획득한 정보를 실제 상황에 맞는 지식으로 만들어 낼 수 있는 능력이야. 이때 중요한 것은 어떤 정보가 필요한지 그리고 이 정보들을 어떻게 활용할 것인지를 판단하는 능력이야. 똑같이 열 개의 정보를 갖고도 백 가지 결과를 창출할 수 있는 역량을 갖추길 바라.

3장

창의적으로 몰입하기
창의적 사고 역량 처방

챗GPT와 대화해 봤어? 하루가 다르게 진화하는 인공 지능 프로그램이
세상을 놀라게 하고 있어. 한편으로는 우리 인간의 미래가 걱정되기도 하고
말이야. 그런데 자기 분야에서 치열하게 활동하는 사람들은 인공 지능을
크게 두려워하지 않는다고 해. 유용한 도구는 되겠지만 자신들의 자리를 넘볼
수는 없다고 말이야. 왜 그럴까?
인공 지능은 지금까지의 자료들을 학습하고 활용하는 데 능해. 즉 인공
지능의 눈은 항상 과거를 향하고 있단 말이지. 하지만 사람에게는 과거에
없던 것을 만들어 낼 수 있는 역량이 있어. 이제부터 창의성의 비밀을
알아보고, 창의적 사고 역량을 갖추는 방법을 알아볼까?

창의성은 '함께'를 좋아해

'머리 좋은 사람'은 어떤 사람일까? 남들보다 계산이 빠르고, 암기력이 뛰어난 사람을 지칭하던 예전과 달리, 지금은 창의성이 뛰어난 사람에게 쓰는 말이 됐다. 창의성은 이미 학교와 회사, 세상 곳곳에서 중요하게 생각하는 핵심 능력이다. 그런데 막상 창의성이 무엇인지 물어보면 명확한 대답이 떠오르지 않는다.

창의성은 어떤 능력일까? 다양한 해석이 있는 만큼 창의성이 무엇인가에 대해 딱 부러지게 합의된 정의는 없다. 멜 로데스(Mel Rhodes)라는 학자는 창의성 연구를 통해 창의성에 대한 정의가 무려 64개나 된다고 주장하기도 했다. 그 정도로 창의성에 대한 의견은 다양하다.

미국의 철학자 루이스 멈퍼드(Lewis Mumford)는 창의성을 "독창적이거나 쓸모 있는 것을 만드는 능력"이라고 정의했고, 미국의 심리학자 로버트 스턴버그(Robert Sternberg)는 "독창적이면서도 가치 있는 것을 만드는 능력"이라고 했다. 결국 창의성은 뭔가를 만들어 내는 능력인데, 그렇게 만들어 낸 것은 독창적이라야 하고, 쓸모(가치)가 있어야 한다는 것이 연구자들의 공통된 의견이다.

그럼 하나하나 짚어 보자. '독창적'이란 남이 생각하지 못한 새로운 것을 생각한다는 뜻이다. 하지만 남들이 생각하지 못한 것을 떠올릴 때는 먼저 "다른 사람들이 왜 이런 생각을 안 했을까?" 하고 생각해 봐야 한다. 내가 정말 뛰어나게 창의적인 사람이라 남들이 미처 생각하지 못한 독창적인 아이디어를 낸 것일 수도 있지만, 반대로 아무런 쓸모나 가치가 없어서 남들이 시도하지 않은 것일 수도 있다.

창의력이 지닌 사회성

그래서 심리학자 미하이 칙센트미하이(Mihaly Csikszentmihalyi)

는 창의성이 사회적이라고 했다. 독창적인 행동이나 생산물이 유용하고 의미 있다고 받아들여지려면 먼저 어디에 유용하고 의미 있는지가 정해져야 하고, 그 영역에서 생산물을 독창적이고 의미 있다고 인정해 줄 다른 사람들이 필요하다. 게다가 독창성을 인정해 줄 사람들 역시 아무나가 아니라 그럴 만한 사람이라고 사회적으로 인정받는 집단이어야 한다. 내가 쓴 경제 에세이를 친한 이웃이 독창적이라고 엄지손가락을 치켜세워 봐야 소용없다. 경제나 사회 분야 전문가가 독창적이고 의미 있다고 인정해야 한다.

예를 들어 아인슈타인은 위대한 과학자이고, 그의 상대성 이론은 대단히 창의적인 작업이지만, 그것이 창의적이 되기 위해서는 독창적이라고 인정받을 수 있는 비교 대상, 즉 기존의 물리학 이론이라는 영역이 있어야 한다. 그리고 물리학계라고 하는 집단, 사회가 형성되어 있어야 한다. 만약 물리학 이론이라는 영역이 없고, 물리학자들로 이루어진 학계가 없었다면 아인슈타인은 상대성 이론의 독창성을 입증할 근거도, 이론을 인정해 줄 사람도 찾기 어려웠을 것이다.

나는 창의적인 사람일까?

이처럼 창의성을 정의하는 것은 쉽지 않다. 그래서 학자들은 창의성을 정의하기보다 창의적이라고 인정받는 사람들의 특징을 조사해 봤다. 다음 내용을 보고 나는 얼마나 창의적인 사람인지 스스로 판단해 보자.

열린 마음: 창의적인 사람은 자신의 생각, 자신이 알고 있는 지식이 절대적으로 옳다고 고집을 부리지 않는다. 새로운 것이 있으면 경계하는 대신 흥미 있고 쓸모 있는지 살펴보고 언제든지 그것을 받아들일 준비가 되어 있다.

모순에 대한 관용: 창의적인 사람은 앞뒤가 안 맞고, 말도 안

되는 듯한 주장이나 결과를 무시하지 않는다. 혹시 그 속에서 자신이 미처 발견하지 못한 숨은 법칙이나 진리가 있는 것은 아닐까 생각하기 때문이다. 마치 눈, 코, 입 등의 위치가 말도 안 되는 자리에 있는 피카소의 그림에서 얼굴을 보는 것과 같다.

미술뿐 아니라 과학도 마찬가지다. "달은 지구를 향해 영원히 추락하고 있기 때문에 지구에 부딪히는 대신 지구 둘레를 돌고 있다."라는 말이 어떻게 들리는가? 달이 지구를 향해 추락하면 당연히 지구에 부딪혀야 하는데, 영원히 추락하니까 부딪히지 않고 둘레를 돈다고? 하지만 이 앞뒤가 맞지 않는 말이 바로 뉴턴의 만유인력 법칙의 출발점이다.

이런 말도 있다. "상자 속의 고양이는 상자를 열어 보기 전에는 살아 있는 상태와 죽은 상태로 공존하고 있으나 상자를 여는 순간 하나의 상태로 확정된다." 특별한 장치 때문에 상자 속 고양이는 관찰자가 상자를 열어 보는 순간 죽게 된다. 그렇다면 상자 속 고양이는 산 것일까, 죽은 것일까? 이른바 '슈뢰딩거의 고양이'라고 불리는 사고 실험으로, 언뜻 말장난 같기도 한 엉뚱한 질문이지만 이 말도 안 되는 소리가 양자물리학을 설명하는 출발점이 되었다.

개척과 탐험 정신: 창의적인 사람은 남들이 이미 갔던 길을 따라가는 것을 좋아하지 않는다. 오히려 남들이 가지 않은 새로운 길을 원한다. 새로운 길을 가다 보면 실패할 수 있고 위험 요소도 많다. 그러나 창의적인 사람은 그 실패와 위험까지 즐거운 경험으로 받아들일 준비가 되어 있다.

예를 들어, 우리 학교 친구들이 입을 모아 극찬하는 떡볶이 맛집이 있지만 나는 더 매운 떡볶이를 원한다면? 조금 귀찮더라도 다른 떡볶이집을 찾아볼 수 있을 것이다. 멀리까지 찾아갔는데 더 비싸고 오히려 맛없을 수도 있다. 하지만 실패하더라도 나는 세상에 없는 나만의 떡볶이 맛집 지도를 개척할 수 있다.

자율성과 독립성: 창의적인 사람은 다른 사람의 도움, 특히 어른이나 선배 등 자신보다 우월한 위치에 있는 사람의 도움을 받지 않고 스스로의 힘으로 하는 것을 좋아한다. 또 다른 사람의 지시나 명령에 따라 일하는 것을 선호하지 않는다.

그렇다고 독선적이고 고집스러운 것은 아니다. 다른 사람들과 협력할 수도 있지만 어디까지나 각자 자기 생각을 가지고 협력하는 것이지, 다수의 뜻을 생각 없이 따를 마음은 없다는 뜻이다. 그렇다고 선생님 말씀이나 교칙을 따르지 않는 학생들이 모두 창의적이라는 말은 아니니 엉뚱한 생각은 말아야 한다.

발산적 사고: 창의적인 사람은 수렴적인 사고보다는 발산적인 사고를 하는 경향이 있다. 수렴적 사고란, 생각이 어떤 특정한 주제나 목표를 향해 점점 집중하는 방식을 의미한다. 복잡했던 생각이 어떤 한 점을 향해 모이게 되고, 마침내 그 점에 도달하면 '정답'이 된다.

발산적 사고 혹은 확산적 사고라고도 하는 방식은 한 점에서 출발해 오히려 수십 또는 수백 가지로 갈라져 나가는 생각의 방식이다.

사실 이 두 가지 사고방식 중 어느 것이 더 바람직하거나 우월하다고 말하기는 어렵다. 창조적인 작업을 위해서는 두 가지 모두 필요하다. 수렴적 사고 없이 발산적 사고에만 치우친 사람은 창의적이라기보다는 주의가 산만한 쪽에 가깝고, 수렴적 사고가 지나친 사람은 기존의 지식, 기존의 방식에 숙달될 수는 있어도 새로운 발상을 하지 못하는 지루하고 딱딱한 사람이 되기 쉽다.

즉, 창의적인 사람은 수렴적 사고를 하지 않는 사람이 아니라 발산적 사고를 좀 더 선호하는 사람이다. 혹은 발산적 사고를 우선으로 하지만, 적절히 수렴할 줄도 아는 사람이라고 할 수 있다. 발산적 사고를 통해 다양한 가능성을 모색한 다음, 그중 어느 것을 선택하면 그다음에는 고도의 집중력을 발휘해 한 방향으로 수렴할 수 있는 사람이 바로 창의적인 사람이라고 할 수 있다.

창의성이 폭발하는 몰입의 힘

창의적인 사람이 창조의 순간에 가장 많이 경험하는 것이 바로 '몰입(flow)'이다. 칙센트미하이는 창의성이 뛰어나다고 알려진 사람들 수백 명을 조사하며 창조의 순간에 어떤 경험을 하며 어떤 마음 상태에 있는지 알아보고자 했다. 그 결과 창의적인 사람들은 창조의 순간에 다음과 같은 경험을 했다고 말했다.

• 엄청나게 긴 시간을 일했는데도 시간이 멈춘 것처럼 아주 짧은 순간으로 느꼈다.
• 아주 어려운 일이나 위험한 일을 하는데도 오히려 물 흐르듯 자연

스럽고 편안했다.

- 하늘을 나는 것 같은 자유로운 느낌이면서 동시에, 세상과 완전히 분리된 것 같았다.

이 중 눈에 띄는 특징이 시간 왜곡 현상이다. 여러분도 경험한 적이 있을 것이다. 시험을 앞두고 게임을 할 때, 아주 흥미진진한 영화를 볼 때 시간은 순식간에 지나간다. 간혹 소설을 읽을 때, 어려운 수학 문제를 풀 때 시간이 금방 지나갔다고 느끼는 친구도 있다. 아주 긴 시간 동안 몰두했음에도 마치 순식간처럼 시간이 왜곡된 느낌을 받는 것이다. 혹시라도 그런 경험이 없다고 아쉬워하기에는 이르다. 누구나 이런 순간을 만나게 될 테니까 말이다.

또 하나는 엄청난 집중력이다. 하고 있는 일에 얼마나 집중하고 있는지, 외부 세계가 거의 느껴지지 않을 정도라고 한다. 이런 현상을 바로 몰입이라고 하는데, 한마디로 모든 잡념과 방해물을 차단하고 지금 하는 일에 온 정신이 집중된 상태다. 창의적인 업적을 남긴 사람들은 대체로 이러한 몰입의 순간에 중요한 아이디어를 떠올리거나 과업을 성취했다고 한다.

그렇다고 해서 특별히 창의적인 사람만 몰입을 경험하는

것은 아니다. 누구나 일상에서 몰입을 경험할 수 있다. 그렇다면 우리는 어떤 상황에서 몰입할 수 있을까?

게임을 열심히 하는 것도 몰입일까?

답은 의외로 간단하다. 자신이 할 수 있는 실력보다 조금 어려운 난도의 과업에 달려들어서 이것을 성취하려고 애를 쓸 때 몰입을 경험할 가능성이 커진다.

우리 속담에 "오르지 못할 나무는 쳐다보지도 말라."라는 말이 있다. 하지만 어려운 과제라고 해서 시도조차 하지 않는다면 아무런 발전도 없이 지루한 삶을 살게 되지 않을까? 그렇다고 무작정 높은 나무만 쳐다보며 올라가려는 태도는 어리석다. 지금은 물론이고, 앞으로도 오를 가능성이 없는 나무를 목표로 한다면, 그런 나무가 내 눈앞에 있다면 그때 우리가 느끼는 것은 몰입이 아니라 스트레스와 불안일 것이다.

그렇다면 몰입의 관점에서 속담을 이렇게 살짝 바꿔 보면 어떨까? "지금은 오르지 못하지만 한두 번 떨어지며 노력하다 보면 올라갈 수 있을 것 같은 나무를 쳐다보라."

내 수준을 살짝 넘어서는 나무를 오르다 떨어지더라도, 여러 번 시도하면서 마침내 조금씩 올라갈 수 있게 될 때 우리는 몰입의 순간을 경험하게 된다. 너무 쉽지도 않고, 너무 어렵지도 않아서 도전해 볼 만한 수준의 과업, 이런 도전적인 일을 좋아하는 사람들에게서 창의적인 성과가 나오게 된다.

그런데 여기서 우리를 헷갈리게 하는 사실이 있다. 가령 PC방에 가면 몇 시간이 흘렀는지도 모른 채 게임에 몰두한 사람들을 볼 수 있다. 어떤 사람들은 아침에 들어가서 밤늦도록 게임을 하느라 정작 자기가 해야 할 일을 잊기도 한다. PC방 외에도 경마장, 카지노 같은 장소에서도 세상과 단절된 채 시간 가는 줄 모르고 몰두해 있는 사람들을 볼 수 있다.

그렇다면 이런 사람들도 시간 왜곡 현상을 경험하는 고도의 몰입 상태인 걸까? 창의적인 아이디어나 뛰어난 성취를 이루고 있는 걸까? 불행히도 그렇지 않다. 우리는 이런 상태를 '중독'이라고 말한다. 몰입과 달리 중독은 우리를 중독의 대상에게서 벗어나지 못하게 하고 시간이 흐르면 몸과 마음, 일상생활까지도 파괴한다.

이렇게 서로 다른 결과에도 불구하고, 몰입한 사람과 중독된 사람은 겉보기에 비슷해 보일 수 있다. 하지만 몰입은 스스로 선택한 활동이 좋아서 집중하고 있는 능동적인 상태이고,

중독은 처음에는 좋아서 했더라도 결국 자기 의지와 달리 중단하지 못하고 사로잡혀 정상적인 생활과 판단이 불가한 수동적인 상태이다. 그래서 몰입을 경험하는 사람들은 몰입 대상에 애정을 품고 있지만, 중독된 사람들은 중독 대상을 증오하고 혐오한다. 하지만 벗어날 수 없어 계속 매달려 있는 경우가 많다. 따라서 중독과 몰입을 헷갈리지 않고 현명하게 구분하는 태도를 지니는 것이 중요하다.

일등을 뒤집는 혁신의 힘

창의성과 더불어 최근 각광받는 말이 '혁신(innovation)'이다. 창의성은 새로운 것을 만드는 것이지만, 혁신은 기존의 것을 더 좋게 만드는 획기적이고 신선한 아이디어나 변화를 의미한다. 혁신은 '안으로'를 뜻하는 'in'과 '새롭다'를 뜻하는 'nova'가 결합한 말인데, 전혀 새로운 것을 들여온다기보다는 원래 있던 것의 내부로부터 변화의 실마리를 찾아내는 것이 혁신인 셈이다. 그렇다면 세상을 더 좋게 만드는 변화는 어떻게 만들어지는 것일까?

• 기존과 같은 기능이지만 더 성능이 좋은 새로운 것을 만든다.

- 기존의 것에 새로운 요소를 집어넣어 성능을 향상하거나 새로운 기능을 더하여 만든다.
- 기존의 구성이나 배열을 바꾸어서 더 좋게 만든다.
- 기존의 것들을 조합해 새로운 것을 만든다.
- 아무것도 바꾸지 않았지만, 기존의 것을 사용하는 새로운 방식을 개발한다.

혁신이야말로 자본주의 경제의 원동력이라고 말한 미국의 경제학자 조지프 슘페터(Joseph Schumpeter)는 위에 제시한 혁신의 비밀 중 네 번째, 다섯 번째에 해당하는 혁신관을 지지했다. 심지어 슘페터는 혁신을 '새로운 결합(new combination)'이라고 불렀다. 혁신은 세상에 없던 새로운 것을 만드는 게 아니라 단지 자원의 결합 방식을 바꾸거나 새롭게 배치해 가치를 높여 주는 활동이라고 주장했다.

스티브 잡스가 불러온 스마트폰 혁신

스마트폰 시대를 열었고 혁신의 아이콘이라고 불린 스티브 잡스를 살펴보자. 잡스는 새로운 것을 만들지 않았다. 아이폰이 나오기 전에 휴대폰은 이미 널리 사용되고 있었고, 휴대폰 화면을 직접 터치해 조작하는 기술도 터치폰이라는 이름으로 나와 있었다. 그 밖에도 인터넷 기능과 응용 프로그램 설치 기능을 넣어서 손바닥만 한 크기의 작은 컴퓨터처럼 사용할 수 있는 PDA라는 것도 있었다. 사진과 영상을 제작하는 디지털 카메라도 보급되어 있었고, 디지털 음원을 감상하는 MP3 플레이어도 있었다.

잡스가 한 일은 단지 이 모든 것을 하나의 기기로 통합한 뒤 이 혁신적인 기기로 어떤 새로운 삶의 방식을 만들어 갈 수 있는가를 보여 준 것뿐이다. 이제 사람들은 스마트폰 하나로 통화하고 사진을 찍고 음악을 듣는다. 스마트폰에 각자의 생활 방식에 맞는 다양한 애플리케이션을 깔고 컴퓨터처럼 사용하고 있다. 지금은 너무도 일상이 되어 버렸지만, 아이폰 탄생 초기만 하더라도 사람들은 이 작은 스마트폰이 자기 삶을 바꾸는 혁신을 경험하며 매 순간 놀라고 열광했다.

이처럼 혁신은 가치를 창출하는 행위다. 혁신에 대해 많은 연구와 저서를 남긴 학자 중 한 명인 피터 드러커(Peter Drucker)는 "혁신은 소비자들이 이제껏 느껴 온 가치와 만족에 변화를 일으키는 활동이다."라고 말했다.

위협이자 기회인 창조적 파괴

혁신에 관해 이야기하다 보면 자연스럽게 떠오르는 의문이 있다. 그렇다면 혁신 이전 '기존의 것'들은 어떻게 되는 것일까? 당연하게도 기존의 것들은 도태되고 시장에서 사라진다. 애플에서 아이폰이라는 혁신적인 제품을 내놓자 그때까지 세계 시장의 3분의 1을 차지하고 있던 휴대폰의 강자 노키아가 털썩 주저앉더니 결국 역사의 뒤안길로 사라지고 말았다.

노키아에서 일하던 노동자들, 노키아에 각종 부품을 공급하던 기업들까지 어려운 상황에 처했고, 세계 경제를 이끌던 핀란드 경제도 일명 '노키아 쇼크'에 빠지고 말았다. 이렇듯 혁신은 세상을 발전시키지만, 그 과정에서 기존의 것들, 그리고 여기에 의존하던 기업과 사람들에게는 대단히 파괴적인 결과를 안긴다.

이 같은 현상을 슘페터는 '창조적 파괴(creative destruction)'라고 했다. 혁신은 큰 관점에서 창조적인 행위이지만, 기존의 것들에게는 파괴의 힘으로 작용한다. 혁신은 서서히 이루어지는 것이 아니라 단숨에 이루어지며, 혁신에 뒤떨어진 수많은 기업이 한순간에 낡은 것이 되어 무너진다. 물론 이 과정은 고통스럽지만 이런 고통스러운 창조적 파괴의 순간을 겪지 않으면 우리 경제와 삶은 발전하지 못한다.

또한 슘페터는 이 창조적 파괴의 과정이 없다면 기존에 성공한 기업과 사람들만 영원히 성공의 열매를 차지할 거라고 덧붙였다. 아직 성공하지 못한 기업, 막 시장에 뛰어든 젊은 스타트업이 성공하려면 기존의 판이 확 뒤집히는 계기가 필요한데, 창조적 파괴가 바로 그런 기회를 마련해 준다고 본 것이다.

따라서 기존의 시장에서 성공한 기업은 도태되지 않기 위해 혁신에 힘쓰고, 새로 뛰어든 스타트업은 대역전을 꿈꾸며 혁신 경쟁을 벌인다. 기업의 경쟁은 결과적으로 소비자들의 이익으로 돌아와 사람들이 좀 더 편리한 삶을 누릴 수 있게 한다. 이런 순환의 중심에 혁신에 의한 창조적 파괴가 있다.

인류는 오래전부터 필요한 도구를 스스로 만들어 써 온 창조적인 동물이야. 우리 조상들이 가혹한 환경 변화에서 살아남을 수 있었던 까닭은 늘 해 오던 방식을 넘어서는 새로운 삶의 방식과 도구를 창조할 수 있었기 때문이야. 바로, 창의적 사고 역량을 발휘한 거지.

앞에서 살펴본 것처럼 창의적 사고 역량을 키우려면 열린 마음, 개척과 탐험 정신이 필요해. 몰입을 통한 놀라운 성취 과정도 무척 매력적이지. 기존의 것에 변화를 주는 혁신도 흥미로워. 분명한 사실은 지금 이 책을 읽는 여러분 중에 창의적 도전을 통해 세상을 놀라게 할 주인공이 있다는 거야. 오늘도 내일도 창의적 사고 역량을 강화해 보자고!

4장

아름다움을 알아차리기
심미적 감성 역량 처방

어느 자동차 정비소에 손님이 찾아왔어. 엔지니어가 살펴보니 수리비로 차 한 대에 맞먹는 비용이 나왔지. 그래서 차라리 새 차를 구입할 것을 추천했지만 손님은 고개를 저으며 이렇게 말했다고 해. "요즘 자동차 회사들은 이런 빨간색을 만들지 못해요."

경제적 관점에서 보면 결코 합리적이지 않은 행동이야. 하지만 생각해 보면 우리가 늘 합리적인 판단만 하며 사는 건 아니야. 때로는 심미적 판단이 합리성보다 중요한 역할을 할 때가 있는 법이지. 여러분도 스마트폰이나 운동화를 살 때 오직 기능과 가격만 고려하지는 않았을 거야.

지식과 정보 처리 능력에도 차이가 있듯 심미적이고 감성적인 판단을 하는 능력에도 차이가 있어. 우리는 어떻게 하면 더 높은 수준의 심미적 감성 역량을 갖출 수 있을까?

아름다움이란 무엇일까?

2016년 인공 지능 알파고와 챔피언 이세돌 9단의 바둑 대결이 세계의 관심을 모았다. 결과는 4:1로 이세돌 9단이 졌지만 사람들은 패배한 이세돌 9단을 오히려 승자 혹은 영웅이라고 칭송했다. 심지어 다음과 같이 말하기도 했다. "컴퓨터 1,200대와 맞서는 인간의 모습이 아름다웠다."

이처럼 이익과 손실로 계산될 수 없는, 어떤 합리성과 논리로도 추론할 수 없는, 그럼에도 불구하고 우리를 기쁘게 하고 감동을 주는 것들을 우리는 "아름답다."라고 한다. 그리고 아름다움을 추구하는 것이야말로 진정 인간적이고 오직 인간만이 누릴 수 있는 것이라고 말한다. 벌써 여러 해가 지났지만 사람들은 여전히 알파고와 맞선 이세돌 9단의 활약을 인상적으로 기억하고, 또 인공 지능이 따라 할 수 없는 본질적인 인간성에 대해 이야기하곤 한다.

그런데 아름다움이란 뭘까? 어쩌면 모든 가치를 초월하는 아름다움에 대해 명확하고 논리적인 설명을 요구하는 것은 모순일지도 모르겠다. 지금까지 수많은 학자들이 아름다움에 대해 논했지만, 명확한 규정은 나오지 않았다. 하지만 많은 학자들이 어느 정도 합의하고 있는 의견들을 살펴보면 공통된 생각을 정리해 볼 수 있다.

첫째, 아름답다고 느끼게 만드는 어떤 대상이 존재한다. 그 대상은 자연일 수도 있고, 사람, 예술 작품, 생각을 담은 사상일 수도 있다. 심지어 자기 자신의 모습 혹은 마음 상태일 수도 있다. 혼자서 아무런 대상 없이 그냥 아름답다고 느끼는 경우는 없다.

둘째, 아름다움은 이해관계와 무관하다. 우리가 어떤 대상을 보고 아름답다고 느낄 때는 그 대상이 우리에게 줄 이익이나 손실에 대해서는 생각하지 않는다. 오직 그 대상 자체만을 보고 느끼는 것이다. 이를 '무관심적 관조'라고 한다.

물고기가 헤엄치는 모습을 바라보고 있다고 하자. 이때 "참

맛있겠다."라고 생각하거나 "잡아서 팔면 5만 원은 벌겠는데?" 같은 생각을 한다면 그 물고기는 아름다움의 대상이라고 할 수 없다. 그런데 시간 가는 줄 모르고 물고기가 헤엄치는 모습을 감상하고 있다면, 바로 무관심적 관조, 즉 아름다움을 경험하고 있는 상태라고 할 수 있다.

그렇다면 우리를 무관심적 관조 상태로 이끄는 대상은 무엇이고 우리는 왜 아름답다고 느끼는 것일까? 우선 아름다움의 대상은 자연 풍경, 문학이나 예술 작품, 어떤 사람의 외모와 언행, 노래, 안무 등 뭐든지 가능하다. 이에 대해 합리주의자들은 어떤 대상을 바라볼 때 그 대상이 조화와 균형을 이룬 상태가 돼야만 아름다움을 느낄 수 있다고 주장한다. 반면 경험주의자들은 아름다움의 기준이 객관적이고 절대적인 것이 아니라 각자가 살아오고 경험하면서 각자의 기준을 갖게 된다고 주장한다.

비너스는 날씬해야 할까?

칸트는 합리주의와 경험주의의 주장을 결합해 각자가 아름답다고 느끼는 기준에 따라 아름다움을 느끼지만(경험론), 그 기준은 모두에게 보편적(합리론)이라고 정리했다. 아름다움의 기준은 대상의 속성이 아니라 아름다움을 느끼는 인간의 속성이지만, 모든 인간에게 보편적인 속성이라는 뜻이다.

아름다움의 기준 따위는 없다고 말하는 사람들도 있다. 그들은 어느 사회나 문화권에서 "그 사회의 지배적인 세력이 선호하는 속성이 아름다움의 기준"이라고 주장한다. 오스트리아에서 발견된 '빌렌도르프의 비너스(Venus of Willendorf)'라고 불리는 조각상이 좋은 예이다. 높이 11cm의 조그만 돌조각으로, 1909년 다뉴브강 인근에서 철도 공사 중 발견된 구석기 시대의 여인상이다. 학자들은 이 조각상이 선사 시대 인류에게 다산과 풍요를 상징하는 숭배의 대상이었을 거로 추측하고 있다. 현대 사회에서 우리가 예쁘다고 여기는 외형과는 거리가 있지만 당시 사회에서 빌렌도르프의 비너스는 아름다움의 기준이자 상징이었을 것이다.

기술에서 천재성으로, 예술의 변화

인간이 아름다움을 즐기는 존재라는 가장 확실한 증거는 바로 예술 작품이다. 아주 원시적인 부족들조차 그들이 사용하는 사냥 도구나 거주지에 어떤 식이든 장식을 하고 그림을 그렸다. 이처럼 아름다움을 즐기기 위해 무언가를 만드는 활동을 우리는 예술이라고 한다.

우리는 흔히 아주 멋지거나 훌륭한 것을 가리켜 "와, 이건 예술이다."라고 하지만, 사실 예술이라는 말에는 어떤 가치 판단도 들어 있지 않다. 멋지거나 훌륭하지 않아도, 심지어 아름답지 않아도 아름다움을 구현하려는 의도가 있었다면 모두 예술이라고 할 수 있다. 훌륭한 작품이 아니라고 해서 예술이 아닌 것은 아니다.

그렇다면 우리가 "와, 이건 예술이다." 같은 표현을 쓰는 이유는 무엇일까? 그건 예술가의 사회적 지위와 관련이 있다. 직업을 소개할 때 "화가입니다.", "피아니스트입니다."라고 하면 사람들은 대부분 "와!" 하고 감탄하게 된다. "예술가 따위가!" 같은 반응은 나오지 않는다. 하지만 불과 한두 세기 전만해도 예술가가 고상한 사람으로 대접받는다는 것은 상상하기 어려웠다. 모차르트 같은 천재 예술가조차 백작의 하인 정도로 여겨졌고, 모차르트의 말에 따르면 요리사와 문지기의 중간 정도의 대접을 받았다고 한다.

과거에 예술가들이 변변치 못한 취급을 받았던 까닭은 예술이 우리에게 특별한 영감을 불어넣어 주는 고상한 일이 아니라 부수적인 재주나 기예로 여겨졌기 때문이다. 예컨대 오늘날 교황이 사는 바티칸을 방문하는 사람들 대부분은 미켈란젤로나 라파엘로의 그림을 보는 것이 목적이지만, 바티칸이 지어진 당시 사람들에게는 예배가 목적이었다. 그림은 예배당을 장식하거나 분위기를 내기 위해 필요한 부수적인 요소에 불과했다. 그러니까 건물에 필요한 벽을 세우고 바닥을 까는 일과 다르지 않은 하나의 기술에 불과했던 것이다. 실제로 예술을 뜻하는 단어인 art에는 기술과 기예라는 뜻이 있다.

산업 시대에 달라진 예술의 가치

그런데 19세기에 와서 산업 혁명과 과학 기술의 발달로 세상 구석구석이 냉정한 법칙에 따라 움직이는 자동화 기계같이 바뀌어 가자, 예술에 대한 사람들의 생각이 달라졌다. 인간 고유의 상상력과 감정의 영역인 예술이 중요해지기 시작한 것이다. 예술은 차가운 법칙으로 재단되지 않는 감정과 개성을 표현할 수 있는 영역이자, 인간이 자동화 기계가 아닌 영혼과 정신을 가진 존재임을 증명하는 영역이 됐다.

그전까지 예술은 스승에게 꾸준히 배우고 익히면 되는 기술의 한 종류였다. 하지만 예술에 수학적, 과학적 법칙 너머의 진리를 보여 주는 의미가 부여되자 사정이 달라졌다. 예술은 어떤 법칙이 아니라 타고난 통찰력으로, 보통 사람이 볼 수 없는 과학적 법칙 너머의 진리를 꿰뚫어 보는 사람들이 하는 특별한 일이 되었다. 우리는 그런 사람들을 천재라고 부른다.

이런 천재적인 예술가들의 이미지 때문에 우리는 예술가라고 하면 어쩐지 보통 사람과는 다른 범상치 않은 사람, 일반

대중이 보지 못하는 것을 보는 사람이라고 생각하게 되었다. 또 누구나 하고 싶다고 해서 예술가가 되는 게 아니라 애초에 예술성을 타고나는 거로 생각하는 사람도 많아졌다.

예술에도 등급이 있다고?

　예술에 등급이 있을까? 있다고 할 수도 있고 없다고 할 수도 있다. 하지만 분명한 건 많은 사람에게 아름다운 경험과 감흥을 제공하는 작품이 있는가 하면, 그렇지 못한 작품도 있다는 사실이다. 그래서 우리는 예술 작품을 소위 '걸작'과 '졸작'으로 분류하기도 한다. 그럼에도 불구하고 걸작이든 졸작이든 모두 예술 작품이라는 점은 분명하다.

　그런데 작품 그 자체에 대한 평가가 아니라 그 작품이 속한 장르에 따라 처음부터 고상한 예술, 천박한 예술이라고 구분한다면 어떨까? 물론 말도 안 되는 소리다. 그렇지만 실제로 세상에는 그 작품이 어느 영역에 속했는지에 따라 미리 가치를 결정해 버리는 경우가 종종 있다. 예를 들어 음악 교과서에 실을 노래를 선정할 때, 슈베르트나 브람스의 작품이라면 잘 알려지지 않은 곡이라도 별 저항 없이 받아들여진다. 클래식, 고전 음악이기 때문이다. 하지만 록이나 힙합, 대중가요라면 그 노래가 교과서에 실릴 만큼 훌륭한 작품이라는 사실을 입증해야 한다. 다행히도 오늘날에는 다양한 예술에 대한 이해가 점차 높아지고 있어 기준이 달라지고 있는 상황이다.

〈비보이를 사랑한 발레리나〉라는 연극이 있다. 생각해 보면 이상하다. 발레리나가 브레이크 댄스를 추는 비보이(B-boy)를 사랑하는 게 무슨 이야깃거리가 된다고 이런 제목을 붙였을까? 그런데 이 제목을 뒤집어 '발레리나를 사랑한 비보이'라고 하면 느낌이 달라진다. 발레리나의 춤이 비보이의 춤보다 더 고상하고 수준 높은 예술이라는 편견이 작용하기 때문이다.

문학도 마찬가지다. 추리 소설, 스릴러 소설, 공상 과학 소설, 판타지 소설을 따로 '장르 문학'이라고 부른다. 물론 장르 문학을 좋아하는 독자 입장에서는 오히려 긍정적인 단어로 들릴 수 있지만 교과서에 실릴 만한 '순수 문학'과 분리하는 시선에는 어떤 기준이 있어 보이기도 한다. 가령 마거릿 애트우드(Margaret Atwood), 어슐러 르 귄(Ursula Le Guin) 같은 소설가들에게 늘 따라붙는 말이 공상 과학 혹은 판타지 소설을 '예술의 경지로 끌어올렸다.'라는 표현이다. 물론 작가들에 대한 찬사의 말이지만 공상 과학이나 판타지 등을 예술로 보지 않는 태도가 은근히 드러난다. 당연하게도 이런 식의 분류는 부당하다. 애트우드, 르 귄, 아이작 아시모프, 필립 케이 딕 같은 작가들의 작품은 장르 문학치고 예술성이 뛰어난 게 아니라 그 자체로 대단히 아름답고 창조적인 걸작이기 때문이다.

이와 비슷한 사례는 영화에서도 찾아볼 수 있다. 영화 평론가들 중에는 대놓고 할리우드식 '상업 영화'와 '예술 영화'를 구분 지어 표현하기도 한다. 그래서 예술 영화는 수준 높지만 지루하고, 상업 영화는 재미있지만 예술성은 떨어진다는 선입견까지 생겼다. 이런 식으로 고상한 클래식 예술과 그렇지 않은 대중 예술을 구분 짓는 생각은 은연중에 우리 머릿속에 꽤 뿌리 깊게 박혀 있다.

시대마다 달라지는 평가 기준

역사적으로 귀한 예술과 천한 예술의 구별은 늘 있어 왔다. 하지만 각 시대와 사회마다 예술을 구분하는 기준은 달랐고,

거기에는 어떤 예술적 근거도 없어 보인다.

예를 들어 오페라는 오늘날 고급 예술로 인식되지만, 18세기에는 고대 그리스, 로마 신화를 소재로 한 영웅적이고 비극적인 오페라 세리아(seria)만이 정통 가극으로 대접받았다. 동시대 사람들의 일상을 소재로 한 오페라 부파(buffa)는 서민을 위한 대중 극장에서 공연되거나, 오페라 세리아의 막과 막을 교체하는 시간을 메우는 역할로 잠시 공연됐다. 부파는 희가극이라고 부르지만, 반드시 웃기는 이야기만 다루는 것이 아닌 일반 대중의 이야기였다. 그런데 오늘날 공연을 보러 갈 때 모차르트의 걸작인 〈피가로의 결혼〉, 〈돈 조반니〉 같은 작품들이 정가극보다 격이 떨어지는 예술이라고 손가락질할 사람은 아마 없을 것이다.

제법 세련된 예술로 대접받고 있는 재즈나 알앤비(R&B) 역시 마찬가지다. 1960년대에는 알앤비 음악을 튼 라디오 진행자가 청취자들의 항의로 해고당할 정도로 '죄 많은 음악'으로 인식되었다. 하지만 이후 흑인의 인권이 향상되면서 '고급스럽고 감미로운'이라는 수식어가 붙는 음악이 되었다. 같은 음악인데 멸시받던 음악에서 세련된 음악으로 인식이 바뀐 셈이다. 이처럼 예술을 작품 그 자체의 예술성이 아니라 작품이 속한 장르에 따라 평가하는 경우, 그 장르가 어떤 계층의 예술인지를 살펴볼 필요가 있다.

음악을 좀 더 예로 들어 보자. 흔히 바이올린, 피아노로 연주하고 성악 창법으로 노래하면 클래식 음악이라고 생각하는 경향이 있지만, 이는 18~19세기에 유럽이 세계를 지배하면서 유럽의 음악이 클래식의 자리를 차지했던 결과일 뿐이다. 만약 우리나라가 19세기에 영국만큼 세계에서 강한 영향력을 가지고 있었다면, 해금과 아쟁으로 연주하고 국악 창법으로 노래하는 음악이 클래식 음악이라고 불렸을지 모른다.

오늘날 음악 애호가 중에는 이른바 작가의 진정성이라는 척도를 가지고 클래식과 대중 예술을 구별할 수 있다고 주장하는 사람들이 있다. 창작 동기가 아름다움이나 진실을 추구하는 데 있지 않고 대중의 취향에 맞춰 인기나 수익을 얻는 데 있다면 대중 예술이라고 주장한다. 바로 여기서 부유하지만 영혼 없는 대중 예술가에 대비되는, 가난하고 고뇌하는 순수 예술가의 신화가 만들어지기도 한다.

하지만 창작자가 영혼을 불어넣은 작품을 명확하게 구분할 수 있는 것은 아니다. 이른바 클래식 예술가들도 창작 동기가 순수하고 예술적인 것만은 아니었기 때문이다. 모차르트의 창작 동기도 '클래식'하지 않았다. 오히려 오늘날의 브로드웨이 뮤지컬 제작자나 록 스타 같은 위상을 꿈꾸었고, 실제로 모차르트는 많은 돈을 벌었다. 당시 모차르트가 사치스러운 성향으로 인해 경제적 어려움에 처하기는 했지만, 모차르트의 소득은 가장 가난했던 시기에도 당시 대학교수 수입의 몇 배나 됐다고 한다. 이는 모차르트 역시 돈과 명성을 상당히 적극적으로 추구했음을 알려 준다.

문학도 마찬가지다. 각각 시와 산문의 최고 문호로 불리는 셰익스피어와 찰스 디킨스 역시 당대에는 예술적 동기를 내세우고 글을 쓴 사람들이 아니다. 그들이 작품을 쓴 가장 큰 동기는 이른바 대중 문학 작가들과 크게 다르지 않았다. 흥행에 성공하고, 책을 많이 팔아 돈을 버는 것이 목적이었다. 말년에 디킨스는 자기 작품을 낭독하는 일종의 북 콘서트로 어마어마한 돈을 벌기도 했다.

그렇다고 예술가들이 개인적으로 돈과 명예를 추구했다고 해서 작품의 가치가 떨어지는 것은 아니다. 따라서 작품을 감상하기 전에 상업성과 작품성을 미리 단정하는 것은 매우 어리석은 행동이라고 할 수 있다.

예술을 통해 감수성 키우기

21세기 들어 감수성 교육이라는 말이 자주 나온다. 감수성은 내 것이 아닌 외부의 것을 내 마음속으로 받아들일 수 있는 능력이다. 문화적 감수성은 다른 나라와 사회의 문화를 쉽게 내 것으로 만들 수 있는 능력이고, 정서적 감수성은 다른 사람의 정서에 공감할 수 있는 능력이다. 인권 감수성, 성인지 감수성 같은 말도 이런 식으로 이해할 수 있다.

감수성이 중요해진 까닭은 하루가 다르게 인공 지능이 발전하는 시대에, 사람과 생명에 대해 공감할 수 있는 능력이야말로 가장 인간적인 능력이며 기계가 대체할 수 없는 인간 고유의 영역이라는 인식이 커졌기 때문이다. 감수성은 이제 기계 앞에 선 인간에게 남은 마지막 경쟁력이라고 할 수 있다.

감수성이 늘 긍정적인 평가를 받은 것은 아니다. 미국의 제35대 대통령인 존 F. 케네디의 부인인 재클린 케네디는 1963년 남편의 장례식 때 슬픔을 억누르고 눈물을 흘리지 않았는데 이 모습이 미국 대중들의 찬사를 받기도 했다. 감정을 절제하는 모습에 대한 칭찬이었다. 하지만 오늘날에는 공감의 눈물을 흘릴 줄 아는 사람을 멋있다고 생각하는 분위기다.

그렇다면 어느 자리에서든 쉽게 눈물을 보인다면 어떨까? 눈물이 다 똑같은 것은 아니다. 내가 아프고 고통스럽고 억울해서 흘리는 눈물과, 다른 사람의 처지에 공감하고 그 고통을 내 것처럼 느끼며 흘리는 눈물은 다르다. 자신의 고통, 자신의 억울함은 꾹 참고 절제하면서, 다른 사람의 고통과 억울함에 공감하며 같이 울 줄 아는 사람이야말로 멋있는 사람이고 감수성이 풍부한 사람이라고 할 수 있다.

예술과 감수성은 얼마나 가까울까?

예술과 감수성은 어떤 관계일까? 왜 예술 작품을 자주 접하면 감수성이 길러진다는 것일까? 감수성에서 가장 중요한 것은 공감 능력이다. 공감 능력은 다른 사람의 생각과 느낌을 마치 자신의 것처럼 느낄 수 있는 능력이다. 여기에는 다른 사람의 생각과 느낌을 알 수 있는 '인지적 공감 능력'과 다른 사람과 유사한 감정을 느낄 수 있는 '정서적 공감 능력'이 있다.

인지적 공감 능력은 쉽게 말하면 역지사지(易地思之)인데 서로 입장을 바꿔 생각해 볼 수 있는 능력이다. 하지만 상대방의 입장을 아는 것만으로는 부족하다. 가령, 상대방의 고통을 잘 알면서 오히려 이를 이용해 상대를 더 가혹하게 괴롭히는 지능적인 폭력과 범죄도 있다. 상대방 입장에서 생각할 수 있을 뿐 아니라 그 입장에서 느낄 수 있을 때 우리는 비로소 상대를 깊고 생생하게 이해할 수 있다. 이 정서적 공감 능력이야말로 사람을 인공 지능과 구별하는 가장 결정적인 특징이며 강점이다.

이세돌 9단이 알파고와의 경기에서 연달아 패배했음에도 사람들이 그 모습을 아름답다고 느낀 이유는, 한 수 한 수 둘 때마다 고뇌하고 초조해하고 때로는 만족해하는 이세돌 9단의 표정을 통해 그의 진지한 태도와 엄청난 심리적 중압감에 공감할 수 있었기 때문이다. 고민하는 이세돌 9단의 얼굴을 잡지 않고 오직 바둑판만 보여 주었다면, 이 대국이 이토록 오랜 시간 많은 사람들에게 깊은 인상을 남기지 못했을 것이며, 그저 인공 지능에게 패배한 바둑 경기 정도로 기억됐을지도 모른다.

사람은 물론 침팬지나 고릴라도 얼굴을 보고 상대방의 감정을 느끼는 능력이 있다. 하지만 매우 기초적인 감정들이다. 유교에서는 이를 칠정(기쁨, 분노, 슬픔, 두려움, 미움, 사랑, 욕심), 즉 일곱 가지 감정이라고 불렀다. 영화 〈인사이드 아웃〉을 보면 인간이 느끼는 감정을 기쁨, 슬픔, 분노, 두려움, 혐오라는 다섯 가지 감정의 상호 작용으로 표현하기도 했다.

하지만 우리가 평소에 느끼는 감정은 일곱 가지 혹은 다섯 가지의 감정 중 하나로 명확히 규정하기 어렵다. 예를 들면, 히로시마에 원자 폭탄이 떨어져서 수많은 일본인들이 죽어 가는 모습을 바라보던 당시 조선 독립운동가의 감정을 어떻게 표현할 수 있을까? 한꺼번에 희생당한 사람들에 대한 슬픔이었을까? 혹은 조국의 원수가 패망하는 모습을 바라보는 기쁨이었을까? 아마도 말로 표현할 수 없는 복잡미묘한 감정이었을 것이다. 우리가 평소 "잘 모르겠다.", "착잡하다."라고 하는 감정이야말로 복잡미묘한 상태의 지극히 인간적인 마음일지도 모른다.

사람의 감정이 이처럼 복잡미묘해진 까닭은 우리가 살아가는 세상, 사회가 점점 복잡해졌기 때문이다. 감정은 원래 우리가 환경에 적응하면서 형성된 진화의 흔적이다. 감정이란 우리가 주어진 상황에서 가장 적합한 행동을 하게 만드는 아주 빠른 자동 스위치라고 할 수 있다. 기쁨은 우리에게 활력을 주는 대상을 추구하게 만들고, 슬픔과 두려움은 우리를 위험한 상황으로 몰아가는 대상을 회피하게 한다. 또 분노는 우리를 공격하는 대상에게 맞설 수 있게 해 준다.

만약 우리가 모든 상황마다 이성적 판단을 통해 행동을 결정하려 했다면 인류는 지금까지 살아남지 못했을 것이다. 맛있는 식재료를 발견했을 때 기쁨이라는 감정에 따라 행동하는 사람은 즉각 달려들어 음식을 얻었겠지만, 저 식재료의 가치는 무엇일까, 저 음식은 나에게 어떤 도움이 될까를 따져 본 뒤 합리적 결론을 내리는 사람이라면 아마도 감정에 따라 행동한 사람의 뒤에서 입맛만 다셨을 것이다. 무엇보다, 위험한 상황에 처했을 때 이러한 감정 반응은 이성적 추론보다 생존에 훨씬 도움이 됐다.

하지만 오늘날 우리가 살아가야 하는 세상은 이런 감정 반응만으로 헤쳐 나갈 수 있는 자연적 상태가 아니다. 사회적,

문화적 환경의 영향력이 커졌고, 이런 환경은 기본적인 감정 반응만으로 헤쳐 나가기엔 너무 복잡하기 때문이다. 이제 감정은 단지 느끼는 것 이상의 가치가 됐다. 우리 본성인 공감 능력만 가지고 느끼는 것이 아니라 머리로 알고 이해해야 하는 것이다.

한 가지 사례를 살펴보자. 연륜 있는 야구 감독이 있다고 하자. 명성이 대단히 높은 감독으로 그동안 우승에 목말랐던 한 구단을 우승시키기 위해 거액의 연봉을 받고 부임했다. 마침내 한국 시리즈에 올랐고 현재 7차전 경기가 벌어지고 있다. 1점이 뒤처지고 있는 상황에서 9회 말 마지막 공격이 진행 중이다. 주자가 2루와 3루에 있는데 투 아웃인 상황으로, 한 번만 더 아웃되면 경기는 끝난다. 현재 타석에 8번 타자가 들어섰다. 상대 팀에서는 방어율이 높은 투수를 마운드에 올렸다. 이 상황에서 감독이 느낄 긴장감에 공감이 되는가? 지금까지 나온 야구 용어에 대한 지식, 이 팀의 역사, 감독의 업적과 현재 상황 등을 알지 못한다면 전혀 공감할 수 없을 것이다.

간접 경험만으로 공감력이 좋아질까?

이처럼 복잡하고 미묘한 감정을 이해하고 공감하기 위해서는 그 감정을 충분히 경험해야 하고 관련된 지식을 알고 있어야 한다. 그렇지 않으면 상대방의 복잡하고 미묘한 감정을 단지 기본적인 몇몇 정서로 바꿔 버리게 된다. 예컨대 "너 화났구나?", "아니라고? 그럼, 슬퍼?" 같은 식으로 반응하며 상대방의 기분을 더 상하게 할 수 있다.

이처럼 우리는 '경험한 만큼' 느낄 수 있으며, 반대로 '느끼는 만큼' 경험할 수 있다. 하지만 이 경험이 반드시 직접적일 필요는 없다. 직접 다양한 경험을 하면 좋겠지만, 우리가 그토록 폭넓게 경험하며 살아가기는 어렵다. 다행히도 우리는 예술 작품을 보며 간접 경험을 할 수 있고, 놀랍게도 인간은 예술 작품을 통한 간접 경험만으로도 충분히 다양하고 풍부한 감정을 느낄 수 있다.

훌륭한 예술 작품을 감상하면 우리는 "우아, 감동적이다." 같은 말을 한다. 감동은 정상적인 사람이라면 누구나 지니고 있는 공감 능력 혹은 감수성이 작용하고 있다는 증거다. 우리는 비극적인 내용의 영화나 소설을 보면서 주인공이 겪는 고통에 공감한다. 주인공의 아픔과 고통을 보며 마치 자신이 겪는 것처럼 힘들어하고, 때로는 공감하며 함께 눈물을 흘리기도 한다.

그러나 작품 바깥에 있는 우리는 주인공의 고통에 공감하면서도 동시에, 주인공과 같은 슬픔이나 고통에 처하지 않았다는 사실에 깊은 안도감을 느끼기도 한다. 고통에 대한 공감과 고통에서 벗어나 있다는 안도감이 상호 작용하면서 우리 마음을 크게 움직이는데, 그게 바로 '감동'이라는 마음의 움직임이다.

우리가 감동하는 이야기에는 몇 가지 조건이 있다.

첫째, 주인공은 고통받을 이유가 없는 사람, 오히려 행복하게 살아야 할 사람이어야 한다. 인격이 훌륭한 사람이 겪는 고통이거나 선량한 보통 사람이 겪는 고난에 사람들은 더 공감하고 감동하기 때문이다. 예를 들어, 연쇄 살인마가 자신이 죽인 피해자의 부모가 쏜 총에 맞아서 고통스러워하고 있다고 하자. 독자들이 살인마의 고통에 공감하게 될까? 혹은 수많은 사람을 고문한 독재자가 권력에서 물러나 힘없이 가난과 외로움으로 고통받는다고 치자. 이 상황을 보고 독재자의 고통에 공감하며 감동하는 사람은 많지 않을 것이다.

둘째, 주인공이 고통에 수동적으로 반응해서는 안 된다. 주인공은 인내심을 발휘해 고통을 견디고 극복하기 위해 최선을 다해야 한다. 마침내 고통을 극복하면 흔히 말하는 감동의 휴먼 드라마가 되고, 끝내 무너지면 가슴을 후벼 파는 비극적인 이야기가 된다. 이 두 가지 경우에 우리는 '나 같으면 차마 못 견딜 텐데 참 대단하다.'라는 생각을 하면서 주인공에게 공감하고 존경심을 갖게 된다. 그래서 아리스토텔레스는 비극과 희극의 기준을 슬픔과 기쁨이 아니라, 등장인물이 고귀한 인물인가 아닌가로 봤다.

마지막으로, 시련은 있을 법한 상황에서 일어나야 한다. 반드시 사건의 무대와 배경이 현실적이어야 한다는 뜻은 아니다. 수십만 광년 바깥의 우주에서 일어나는 일이라 하더라도 "만약 내가 저 상황이라면?" 하고 상상하고 공감할 수 있게 해야 한다. 이걸 어려운 말로 핍진성*이라고 한다.

자, 이제 우리가 왜 훌륭한 예술 작품을 많이 감상해야 하는지 이유가 충분히 나온 것 같다. 훌륭한 예술 작품을 많이 감상한다는 것은 다양한 상황에서 공감할 수 있는 경험을 쌓

---

* 핍진성 문학, 예술, 과학 철학 등에서 진리에 가깝거나 흡사한 정도를 나타내는 용어. 특히 문학에서는 이야기와 현실적인 상황의 흡사한 정도를 뜻함.

아 가는 것이다. 심지어 훌륭한 예술 작품은 오히려 직접적인 경험보다 더 생생한 분위기를 경험할 수 있게 한다. 이렇게 다양한 공감을 경험한 사람은 다른 사람보다 훨씬 폭넓은 감수성을 지니게 될 것이고, 인공 지능 시대에 인간이 가질 수 있는 최고의 경쟁력을 갖추게 될 것이다.

창조적 과정으로서의 놀이

우리가 아름다움을 체험하고 감성을 기르는 활동이 비단 예술을 통해서만 가능한 것은 아니다. 오히려 인간은 자라면서 다양한 놀이를 통해 미적, 감성적 체험을 시작하게 된다. 사실 엄밀히 말하면 예술과 놀이는 본래 구별되는 활동이 아니었다. 연극을 영어로는 play라고 하고 악기 연주도 play라고 한다. 우리말에서는 play를 '놀이'로 번역하고 있다. 원래 예술과 놀이와 제사와 의식은 한 몸이었다가 인간 사회가 분업화되면서 별도의 영역으로 갈라져 나간 것이다.

그런데 우리는 아무것도 안 하고 있으면 "빈둥거리며 논다."라고 하고, 쓸데없는 행동을 하면 "놀고 있네."라고 비웃기도 한다. 이런 말들 때문에 놀이의 참 의미가 외면당하는 경우가 많다. 하지만 놀이는 그저 무의미하게 시간을 죽이는 활동이 아니다.

싸움과 모방이 놀이의 근원이라고?

놀이는 우리 삶과 세상을 모방하기도 하고, 우리가 바라는 삶과 세상의 모습을 재현하기도 한다. 놀이를 통해 우리는 다른 사람의 생각을 이해하게 되고, 여러 가상의 상황을 경험하게 된다. 이런 점에서 놀이와 예술은 비슷한 경험을 추구한다고 볼 수 있다. 예술과 아름다움을 통한 놀이는 즐거움을 통한 감성적 활동이다. 그래서 네덜란드의 인류학자 요한 하위징아(Johan Huizinga)는 우리 현생 인류를 가리켜 생각하는 사람이라는 뜻의 '호모 사피엔스(Homo Sapiens)'라고 부르는 대신 놀이하는 사람이라는 뜻의 '호모 루덴스(Homo Ludens)'라는 말로 새롭게 정의하기도 했다.

한편, 프랑스의 인류학자 로제 카유아(Roger Caillois)는 놀이를 크게 다음의 네 가지 유형으로 분류했다.

아곤(Argon): 대결 놀이. 동물들과 마찬가지로 힘을 겨루는 싸움에서 시작된 놀이다. 인간은 수많은 규칙을 만들어서 다양한 대결 놀이를 만들어 냈다. 달리기, 던지기, 높이뛰기 등 싸움에 필요한 특정한 요소만 따로 가져와서 겨루거나, 축구, 야구와 같이 규칙을 정해 놓고 단체로 겨루거나, 장기나 체스처럼 물리적으로 겨루지 않으면서 추상적인 상징을 이용해 대결하는 놀이까지 만들었다.

미미크리(Mimicri): 모방 놀이. 아이들의 소꿉놀이가 대표적이다. 아이들이 어른들을 흉내 내면서 생존 기술을 익히던 습성에서 비롯된 놀이다. 나아가 인간은 눈앞의 가까운 사람의 역할부터 직접 경험하지 못했던 역할까지, 상상력을 동원해 따라 하면서 이를 공연 예술로 발전시켰다. 연극과 놀이가 영어로 같은 단어인 play를 사용하는 이유도 바로 놀이에서 연극이 나왔기 때문이다.

알레아(Alea): 운수 놀이. 카드, 윷놀이처럼 확률로 승부를 겨루는 놀이다. 라스베이거스, 마카오 같은 유명한 카지노 도시들을 보면 인간이 이런 종류의 놀이를 얼마나 좋아하는지 알 수 있다. 한편으로는 중독과 타락으로 이어지기 쉬운 위험성이 있다. 예측 불허의 확률 게임 자체를 즐기는 게 아니라면,

일확천금을 버는 게 목적이 되어 버리기 때문이다.

일링크스(Ilinx): 현기증 놀이. 놀이공원의 롤러코스터가 대표적이다. 현기증을 느끼게 하는 무시무시한 놀이 기구들 앞에 엄청나게 긴 줄이 늘어선 것만 봐도 현기증 놀이의 인기를 실감할 수 있다. 새들도 높은 하늘에서 자유 낙하를 하다가 땅과 부딪히기 직전에 푸드덕 하고 날아오르는 행동을 반복하는데, 새들 역시 아슬아슬함과 짜릿함을 즐기는 것으로 보인다. 스키, 썰매, 번지 점프 같은 놀이가 모두 여기에 속한다.

지금 우리는 제대로 놀이하고 있을까?

오늘날 놀이의 의미는 많이 퇴색되었다. 놀이의 의미를 잘 모르는 경우도 많고, 놀 시간이 없다 보니 잘 놀지도 못하는 것이다. 많은 학생이 수업 시간에 "놀아요."라고 선생님을 조르는데, 이것은 "오늘은 공부하지 말아요." 이상의 의미가 없는 경우가 많다. 막상 "놀아라." 하면 그저 옆 친구와 수다를 떠는 것 외에는 별다른 활동을 하지 않는다. 그럼 어른들은 "요즘 아이들은 놀 줄 모른다."라고 또 탄식을 한다.

그런데 이렇게 반문해 보고 싶다. "과연 아이들을 제대로 놀게 해 봤는가?" 우리가 아름다운 것을 좋아하고 정서적으로 공감하는 본성을 가지고 있다고 해서 저절로 예술을 즐길 수 있는 게 아니듯, 놀이 역시 현실과 분리되는 공간과 상황을 설정하고 받아들이는 능력, 새로운 규칙을 세우는 법, 게임 안에서만 통하는 규칙을 파악하고 그에 따라 행동하는 법 등을 배우고 익혀야 제대로 놀 수 있다. 외워서 될 일이 아니고 다양한 놀이 활동에 참여하는 경험을 통해야만 익힐 수 있다.

사실 어른들의 놀이도 별것 없기는 마찬가지다. 막상 놀 수 있는 시간이 생기면 스마트폰을 들여다보는 것 외에 특별한 활동을 하지 않고 여가 시간을 보내는 경우가 많다. 만약 어른들이 밖에서 축구나 야구 경기를 하며 노는 모습을 보여 줬다면, 혼자 또는 여럿이 모여 악기를 연주하는 모습을 보여 줬다면, 즉 주체적으로 놀이를 즐기는 모습을 보여 줬다면 아이들도 지금보다 훨씬 잘 놀지 않았을까?

그렇다면 어른들은 왜 다양한 방법으로 놀이를 즐기지 못할까? 지금의 청소년처럼 놀 틈 없는 청소년기를 보내고 어른이 되는 바람에 취미를 즐길 방법을 제대로 배우지 못했기 때문이다. 그러니 여러분도 놀거리를 찾아 공부 외의 즐거움을 만들어 보길 바란다. 승패에 연연하지 않고 운동 경기를 하거나 그림을 그리는 것도 좋다. 나만의 취미와 특기는 어른이 되어서도 필요한 중요한 요소이기에 십 대인 지금부터 놀이의 즐거움을 알아 가는 게 중요하다.

◆

아름다움을 추구하는 성향이야말로 사람을 사람답게 만드는 본성이야.
플라톤은 《국가》에서 한 나라의 지도자는 기하학과 시가 균형을 이루는
사람이어야 한다고 했어. 무슨 뜻이냐고? 훌륭한 지도자는 합리적인 추론
능력뿐만 아니라 미적 직관과 감성으로도 지식과 정보를 획득할 수 있어야
한다는 의미야.
심미적 감성 역량을 기르기 위해 도서관과 음악회, 전시회에서 예술
작품을 만나 볼 것을 추천할게. 우리 자신에게 예술적 경험을 선사하는
것이야말로 최고의 역량 섭취 방법이 될 거야.

5장

소통과 공감의 힘 기르기
의사소통 역량 처방

역사적으로 창조적인 업적을 남긴 인물은 주로 괴팍하고 때론 고독한 천재로 묘사되곤 해. 그러나 제아무리 위대한 천재라 해도 혼자서는 아무것도 할 수 없는 법이야. 그래서 괴팍하고 소통력이 떨어지는 천재 옆에는 늘 세상과의 소통을 도와주는 조력자가 있었어. 만약 세상과 소통하지 못했다면 아무리 뛰어난 천재라 해도 괴짜로 남고 말았을 거야. 그만큼 남다른 재능 못지않게 중요한 능력이 소통 능력이야. 자, 이제부터 소통에 필요한 기본 지식과 역량은 무엇인지 알아보자.

사람과 사람 사이,
상호 작용의 힘

　다른 사람들과 관계를 맺는 것은 결국 말과 행동을 주고받는 과정이다. 이렇게 다른 사람과 말이나 행동을 주고받는 것을 상호 작용이라고 한다. 대부분 언어나 몸짓과 같은 상징을 통해 이루어지기 때문에 상징적 상호 작용이라고도 한다.

　우리는 다른 사람들과 어떤 상호 작용을 하며 살아가고 있을까? 다음 세 가지를 살펴보자.

같은 목표를 향한 협력적 상호 작용

　협력은 목표를 공유하고 그 목표를 함께 달성하고자 하는 사람들의 상호 작용이다. 그 상대가 반드시 친구일 필요는 없다. 스터디 카페에서 내가 성적 향상이라는 목표를 달성하기 위해 노력할 때 같은 목표를 가진 다른 학생이 함께 공부하고 있다면 더 조용하고 집중하기 좋은 분위기를 만들기 위해 서로 노력할 것이다. 때로는 모르는 문제를 알려 주며 도움을 줄 수도 있다.

에베레스트산을 처음 등정했던 영국의 등반대 역시 좋은 사례라고 할 수 있다. 에베레스트 정상에 오른 사람은 에드먼드 힐러리와 텐징 노르게이 두 사람뿐이었지만, 이들이 정상에 올랐다는 소식을 듣는 순간 성공을 위해 길을 닦고, 캠프를 설치하고, 짐을 날랐던 수십 명의 등반 대원과 셰르파 그리고 존 헌트 등반 대장은 두 사람의 성공을 모두의 성공으로 받아들이고 함께 환호했다.

올림픽이나 월드컵에서도 승리하면 팀 모두가 메달을 받는다. 경기를 많이 뛰었건 적게 뛰었건 상관없이 모두의 승리로 인정하는 셈이다. 심지어 단 한 경기도 출전하지 못하고 벤치를 지키고 있던 선수 역시 팀의 우승이 확정되면 기쁨의 눈물을 흘리며 함께 축하의 샴페인을 터뜨린다. 이런 게 협력적 상호 작용이라고 할 수 있다.

최고의 기량을 끌어내는 경쟁적 상호 작용

달성하려는 목표는 같지만 한 사람의 목표 달성이 다른 사람의 목표 달성을 실패하게 만들거나 제한하는 경우에 '경쟁'이 발생한다. 경쟁 상황에서는 서로 먼저 목표를 달성하려고 다투기도 하는데, 입학시험이 가장 대표적이다. 모두 같은 목표를 향해 달리지만 누군가의 합격은 반드시 다른 누군가의 불합격을 의미하기 때문이다.

굉장한 스트레스를 주는 상황이긴 하지만, 경쟁이 인간 사회에 도움을 주는 것은 사실이다. 예를 들어 50미터 달리기 기록을 잴 때 혼자 뛰는 경우와 둘이 뛰는 경우를 생각해 보자. 둘이 서로 더 빨리 달리려고 경쟁하다 보면 함께 기록이 좋아지는 효과가 생기곤 한다. 올림픽에서도 각 스포츠 경기에 출전한 선수들이 금메달을 차지하기 위해 경쟁하는 과정에서, 금메달을 목표로 연습하는 수많은 선수들이 경쟁을 통해 자신의 최고 기량을 발휘하게 된다. 이처럼 적절한 경쟁은 개인이나 사회 모두를 발전시킬 수 있다. 친구가 없는 인생은 외롭지만 경쟁자가 없는 인생은 발전이 없다.

하지만 경쟁의 본질은 상대방을 무찌르는 게 아니라, 목표를 달성하기 위해 최선을 다하는 데 있다. 실력을 쌓으려 노력해야 할 시간에 경쟁자를 제거할 수단을 고민하거나, 평가 도중에 부정한 수단을 사용한다면 경쟁은 변질되고 만다.

예를 들어 학생 A가 90점을 받았는데 여기에 자극받은 학생 B가 열심히 공부해서 95점을 받았다. 그러자 A가 더 열심히 해서 97점을 받는 식으로 진행된다면 올바른 경쟁 상황이라고 할 수 있다. 그런데 만약 둘 중 하나가 상대방이 시험을 망쳐서 자기가 일등 하기를 바란다면, 또는 부정행위를 해야겠다고 생각한다면 더 이상 경쟁이라고 볼 수 없다. 경쟁 관계의 상대방보다 잘하기 위해 노력하는 대신, 경쟁자를 방해하려 한다면 이때부터는 경쟁이 아닌 갈등이라고 봐야 할 것이다.

갈등적 상호 작용이 울리는 경고등

갈등은 서로의 목표가 상충될 경우에 발생한다. 나의 실패가 너의 성공이 되고, 나의 성공이 너의 실패가 되는 경우다. 이런 상호 작용을 주고받는 상대를 '적'이라고 한다.

대부분의 갈등은 경쟁이 과열되거나 승부에 너무 집착하면서 생기지만, 이런 갈등은 비교적 해결하기 쉽다. 지나친 경쟁을 완화하고 공정한 규칙을 세우면 해결된다.

하지만 이 중에는 사회 구조적인 문제에서 비롯되는 갈등도 있다. 개개인의 성품, 능력, 경향과 관계없이 사회에서 어떤 위치에 있느냐에 따라 적이 되어 부딪칠 수밖에 없는 경우다. 민족, 계급, 종교 간의 갈등은 대부분 싸우고 있는 당사자들의 잘못이라기보다는, 그들이 적이 되게 만든 사회 구조의 문제인 경우가 많다. 종교 규율과 주위의 시선에 못 이겨 학업을 끝마치지 못하거나, 국가 분쟁으로 인해 진로와 상관없는 지역으로 이주해야 하는 경우가 대표적이다. 이런 갈등을 사회 갈등이라고 한다.

이처럼 구조적이고 사회적인 갈등은 어느 시대에나 빈번히 일어나는 만큼, 책이나 영화에서 많이 다루는 소재이기도 하다. 전쟁 때문에 만날 수 없는 친구, 혁명의 소용돌이에서 서로 적이 되어 마주쳐야 하는 이웃, 신분의 차이로 인해 멀어지는 연인 등 안타깝고 비극적인 상황에서 고뇌하는 인간의 모습에 사람들은 쉽게 공감하게 된다.

이처럼 안타까운 사회적 갈등이 아닌 경우라면, 일상에서의 갈등이 무조건 나쁜 것은 아니다. 갈등이 없는 사회는 얼핏 보면 행복한 사회처럼 보일지 모르지만 실상 가장 무서운 사회다. 사람들이 자기 생각을 제대로 표현하지 못하고 억눌려 있을 수 있기 때문이다. 우리는 싸움이 좋지 않다고 배웠지만, 오히려 물리적인 방식이 아닌 다툼은 친구 사이에서도, 부부 사이, 가족 간에도 서로의 생각 차이를 확인할 수 있는 좋은 수단이 되기도 한다. 전통적인 가부장제에서는 아내와 자녀가 아버지의 말을 거스르거나 반대 의견을 말하기 쉽지 않았다. 그래서 겉보기에는 평화로워 보이지만 실제로는 가족 구성원들이 자기 의사를 제대로 표현하지 못한 거짓 평화를 유지한 것이라 할 수 있다.

갈등은 마치 우리 몸의 통증이 무조건 나쁘다고만 할 수 없는 것과 같다. 만약 우리 몸에 통증이라는 반응이 없다면 몸에 이상이 생기거나 다친 걸 모르고 넘어가게 되고, 오히려 목숨을 위협할 정도로 위험한 상황에 처할 수도 있다. 갈등 역시 사회 구성원들이나 사회 구조에 문제가 있다는 걸 알려 주는 경고등 같은 역할을 한다고 볼 수 있다. 그래서 갈등을 무조건 제거하려 들거나 감추는 것은 우리 몸의 통증을 무시하고 증상을 감추었다가 훗날 큰 병을 키우는 것과 같다.

합리적 의사소통을 위한 체크리스트

사회적 상호 작용은 서로의 생각을 여러 가지 상징을 통해 주고받는 과정에서 일어난다. 어쩌면 주먹다짐도 상대방에게 자신의 분노와 적대감을 드러내는 표현 수단일 수 있다. 하지만 우리는 물리적이고 과격한 방식이 아닌 서로의 생각을 조리 있게 표현하는 것을 선호한다. 이처럼 의사 표현을 주고받으면서 서로를 이해하고 서로의 생각을 조정해 나가는 방식이 바로 의사소통이다.

우리가 사회생활을 한다는 것은 다른 구성원들과 상호 작용, 즉 의사소통 행위를 한다는 의미다. 우리의 의사소통 행위는 주로 언어를 통해 이루어진다. 우리에게는 텔레파시 능력이 없어서 서로 표현하지 않으면 상대방이 무엇을 원하는지 알 수 없고, 내가 뭘 원하는지 알릴 수도 없다. 그래서 말을 주고받고, 그 과정에서 서로의 뜻을 이해한다.

그런데 언어를 주고받는다고 모두 의사소통인 것은 아니다. 간혹 우리는 말이 없고 친구들과 잘 어울리지 않는 사람을 소통력이 부족하다고 생각하지만, 말을 많이 한다고 해서 소통력이 좋은 것만은 아니다. 중요한 것은 말을 많이 하는 것이 아니라 서로 주고받는 것이며, 나와 상대방의 상호 이해를 높이고자 하는 노력이다.

다시 말해서 소통 능력이 뛰어난 사람은 탁월한 말발로 자기 생각을 관철시키는 게 아니라, 상호 이해를 통해 어떤 합의를 끌어낼 수 있는 사람이다. 그 합의가 자신의 생각일 수도 있고, 상대방의 생각일 수도 있고, 제3자의 의견일 수도 있다. 중요한 것은 서로를 이해하는 가운데 자발적으로 합의에 이르렀다는 점이다. 즉, 서로 영향력을 행사하기 위해 어떤 압력, 강제력, 전략 따위가 동원되지 않았다는 사실이다.

의사소통에도 조건이 있어

그렇다면 의사소통은 서로 자유롭게 이야기를 주고받기만 하면 되는 걸까? 의사소통이 이루어지기 위해서 꼭 필요한 조건들이 있다. 독일의 철학자 위르겐 하버마스(Jurgen Habermas)는 다음 조건들을 '의사소통의 타당성 조건들'이라 불렀다. 만약 의사소통이 제대로 이루어지지 않아 친구와 다툼이 일었다면 먼저 이 조건들이 제대로 갖춰졌는지 검토해 보자.

먼저 '발언의 이해 가능성'이다. 가장 기본적인 조건인데, 말하는 사람이 표현하는 내용이 듣는 사람에게 이해 가능해야 한다는 뜻이다. 영어권에서는 상대방이 하는 말을 이해할 수 없을 때 반드시 되물어 내용을 명확히 하고자 한다. 하지만 장유유서(長幼有序)의 질서가 남아 있는 우리나라나 일본 같은 사회에서는 어른이 하는 말이 무슨 말인지 이해하지 못하면서도 웃는 얼굴로 고개만 끄덕이는 경우가 많다. 소통의 첫 단계부터 어긋나고 있는 것이다.

조금이라도 이해가 되지 않거나 상대의 발언에 미심쩍은 부분이 있다면 반드시 질의응답을 통해 의미를 분명하게 해야 한다. 친구 사이의 싸움이나 가족 구성원 간 갈등의 원인은 대부분 상대방의 말을 잘못 이해하면서부터 시작된다.

다음으로 필요한 조건은 '내용의 진리성'이다. 말하는 사람이 진술하는 명제*는 논리적으로 '참'이어야 한다. 쉽게 말해, 매일 거짓말을 하는 사람들끼리 무슨 의사소통이 가능할까? 의사소통이 제대로 이루어지려면 서로가 하는 말에 대한 진리성을 상대에게 확신시켜야 한다. 만약 진리성이 의심스러울 경우 상대방은 반드시 확인을 요구해야 한다. 그런데 서열 문화가 강한 동아시아에서는 아랫사람이 윗사람의 의견에 반문하지 못하는 경우가 많다. 가령, 학생이 선생님에게, 회사원이 상사에게 "그 말씀, 사실입니까?"라고 물었을 때 윗사람은 이 질문을 도전적으로 여기기도 한다. 반대로 선생님이나 상사가 "그 말, 사실인가요?"라고 물었을 때 아랫사람은 자신에 대한 질책으로 느낄 수도 있다. 그런 분위기에서는 제대로 된 의사소통이 이루어지지 않는다.

또 '발언자의 진실성' 역시 중요한 요건이다. 진리성하고 조금 다른 의미인데, 진리성의 문제는 말하는 사람이 사실로 믿고 말하는지에 대한 문제이고, 진실성의 문제는 말하는 사람

---

* 명제 어떤 문제에 대한 하나의 논리적 판단 내용과 주장으로, '인간은 영장류이다.' 같이 참과 거짓을 판단할 수 있는 내용.

의 밀과 생각이 일치하느냐의 문제다.

예를 들어, 학교에서 교복 자율화에 대한 토론이 진행된다고 하자. 나는 교복 입기에 찬성하지만 학생 대부분이 사복 입기에 찬성하기 때문에 대세를 거스르기 싫어서, 혹은 친구들의 인기를 얻고 싶어서 교복 자율화를 지지하는 발언을 한다면 어떨까? 본심은 감추고 자신에게 유리한 결과를 가져올 말, 상대방이 좋아할 말만 하는 사람은 건강한 의사소통을 한다고 볼 수 없다.

마지막으로 '윤리적 정당성'을 들 수 있다. 기말시험이 끝난 중학생들이 이제부터 뭐 하고 놀지 얘기하던 중 한 명이 "맥주 마시자."라고 말한다면 어떻게 될까? 다른 친구들이 놀라서 얼굴이 굳거나 분위기가 갑자기 이상해질 것이다. 사회 규범상 윤리적으로 정당화하기 어려운 발언이기 때문이다.

물론 우리가 항상 모범생 같은 대화를 나눠야 한다는 뜻은 아니다. 하지만 현재 우리가 몸담고 있는 사회에서 어느 정도 합의된 규범이나 윤리적 맥락을 존중하면서 이야기를 할 필요가 있다.

타당성을 검토하기 위한 대화가 필요해

의사소통의 타당성 조건들을 살펴보니 제법 까다롭다는 생각이 든다. 위에 제시된 네 가지 조건이 잘 갖추어진 대화가 현실에서 정말 가능할까? 그러기 위해서는 상호 작용을 하는 사람들 간의 수평적인 관계가 먼저 마련되어야 하지 않을까? 만약 이 조건들을 충족시키는 대화가 가능한 상황이라면 의사소통이 막히거나 문제가 생겼을 경우, 의사소통의 타당성 조건들에 따라 문제점을 검토할 수 있고, 타당성을 충족시키지 않는 발언은 철회하거나 수정하면서 합리적인 결과에 도달할 수 있을 것이다.

이때 서로의 주장에 대한 타당성을 검토하기 위해 이루어지는 의사소통을 '대화'라고 한다. 그러니까 "우리 대화로 풀자."라고 말할 때는 단순히 서로 말을 주고받자는 뜻이 아니라 서로 발언의 타당성을 검토해서 합의 가능한 지점을 찾자는 뜻이라고 볼 수 있다.

합의를 끌어내는 의사소통, 토의

    우리가 배운 대로 문제를 해결하며 대화하기는 결코 쉬운 일이 아니다. 일상적인 수다에 익숙한 사람들이 타당성 조건들을 검토해 가며 대화를 진행하기란 쉽지 않기 때문이다. "그 말이 사실이야?", "그게 도덕적으로 정당화될 수 있는 말이라고 생각해?" 같은 말을 일상 대화에 적용하는 사람이 몇이나 될까?

    그렇다고 타당성의 확인이 필요한 상황에서 그냥 지나칠 수도 없다. 그래서 우리는 서로의 발언에 대한 타당성을 확인하면서 대화할 수 있는 양식화된 의사소통 형식을 가지고 있는데, 바로 토의(discussion)와 토론(debate)이다.

목적과 방식이 다른 토의와 토론

토의와 토론은 '타당성 확인'을 규칙과 절차로 정해 놓았기 때문에 상대의 발언에 대해 타당성 확인을 요구하더라도 서로 실례로 여기거나 감정이 상하지 않기로 미리 합의하고 진행하는 의사소통이다. 토의, 토론을 복싱이나 격투기 경기에 비유할 수 있는데, 만약 화날 때마다 싸움을 한다면 사람들은 다치고 사회는 혼란에 빠지고 말 것이다. 그래서 대부분의 사회에서는 복싱이나 격투기 경기처럼 규칙과 승패의 판정, 절차 등을 미리 정해 둔 싸움의 형식을 마련해 놓았다.

토의와 토론이야말로 의사소통 영역에서의 복싱과 레슬링 같은 경기라고 할 수 있다. 서로 생각이 다른 사람들 간에 타당성을 검증할 필요가 있을 때 얼굴을 붉혀 가며 감정적으로 따질 것이 아니라, 절차와 규칙에 따라 서로의 주장을 검증하고 합의에 이를 수 있기 때문이다. 다시 말해, 토의와 토론은 고도로 발달된 의사소통 방식이라고 할 수 있고, 여기에 익숙한 사람이 바로 소통에 능한 사람이라 할 수 있다.

한편 토의와 토론은 서로 비슷해 보이고, 또 사람들이 혼동하는 경우가 많지만 실제로는 매우 다른 방식의 의사소통이다. 둘 다 미리 정해진 절차와 규칙에 따라 서로의 발언과 주장에 대한 타당성을 검증하지만, 그 목적과 방식에서 큰 차이가 있다.

먼저 토의는 서로 다른 의견을 가진 사람들이 각자가 내세우는 주장의 타당성을 검증하는 과정에서 상호 조정을 통해 공통의 합의를 끌어내는 것을 목적으로 한다. 토의에 참가하는 사람들은 한쪽의 주장으로 반대편을 설득하기보다는 함께 최선의 답을 찾고자 한다. 자기주장을 펼치며 문제점을 나누고, 다른 사람의 의견을 경청하며 상대측의 주장을 충분히 이해하고자 한다. 그 과정에서 서로 주장하는 내용의 공통점이 무엇인지, 각 주장의 장단점이 무엇인지 파악하고, 최종 합의에 도달한다. 그 합의는 대체로 제3의 새로운 내용이 되는 경우가 많다.

주제에 따라 달라지는 토의 방식

당연히 여러 사람이 자기주장을 와글와글 떠든다고 해서 토의가 되는 것은 아니다. 미리 정해진 토의의 몇 가지 방식이 있는데, 그중 많이 사용되는 방식은 심포지엄, 패널 토의, 포럼, 원탁 토의, 위원회식 토의, 버즈식 토의이다.

심포지엄

플라톤의 유명한 책《향연》에서 나온 토의 방식이다. '향연' 은 흔히 잔치를 뜻하지만, 심포지엄이라는 뜻도 포함하고 있 다. 고대 그리스인들은 저녁 식사 뒤에 술을 마시면서 대화하 는 문화가 있었는데 이를 symposion이라 불렀고 이 말은 지금 의 심포지엄(symposium)의 어원이 되었다. 심포지엄의 형식은 간단하다. 토의 주제가 정해지면, 그 주제에 대해 여러 관점과 입장을 대표할 수 있는 발표자들을 정하고, 이들이 주제에 대 해 다양한 관점과 입장을 발표한다. 그리고 이에 대해 청중들 이 질문하는 방식으로 진행된다.

예를 들어 '학교폭력 예방'이라는 주제로 심포지엄이 열렸 다고 하자. 법률 전문가, 인권 전문가, 심리 전문가, 교사, 학 생, 학부모 대표 등 여러 입장을 대변할 수 있는 발언자를 선 정한 뒤 이들이 준비한 주장을 차례대로 발표한다. 이렇게 주 어진 주제에 대한 견해를 발표하는 것을 '발제'라고 한다. 발 제가 끝나면 청중들이 질문을 던지고 발제자가 대답한다. 청 중의 질문은 각각의 발제마다 이뤄지기도 하고, 모든 참가자 의 발제를 다 듣고 나서 한꺼번에 질문하기도 한다. 청중의 규 모가 클 경우에는 미리 질문지를 받아서 사회자가 한꺼번에 질문하는 일도 있다.

심포지엄은 어떤 결론을 내기보다는 다양한 생각을 들어보고 공유하는 데 좀 더 적합한 토의 방식이다. 그래서 반드시 결정을 내려야 하는 주제에는 적합하지 않다. 다만 생각의 폭과 지평을 넓히는 효과가 있으므로 학술적인 목적에 매우 적합하다. 어떤 주제에 관해 다양한 연구 결과와 견해를 듣고 공유할 수 있기 때문이다.

학술적인 심포지엄은 보통 다음과 같은 순서로 진행된다.

1. 개회사: 사회자가 심포지엄의 주제와 취지를 소개하고, 발제자들을 소개한다.

2. 기조 발제: 주제에 대해 권위 있는 발표자가 관련된 연구를 바탕으로 발제한다.

3. 지정 토론: 주제에 대해 권위 있는 발표자 혹은 다른 분야의 전문가가 기조 발제와 다른 측면에서 연구한 자료를 바탕으로 발제한다.

4. 논찬: 기조 발제와 지정 토론에 대해 여러 분야의 전문가 혹은 종사자들이 비평 및 비판적 견해를 밝힌다.

5. 플로어 토론: 청중들이 질문하고 발제자와 토론자 들은

이에 응답하며 토의가 진행된다.

6. 정리: 사회자가 발제, 지정 토론, 논찬 및 플로어 토론을 통해 나온 견해들을 종합해 심포지엄을 정리한다.

패널 토의

심포지엄은 기본적으로 발표자와 청중 간의 토의이며, 발표자들끼리 의견을 주고받거나 논쟁하지 않는다. 하지만 TV에서 정책 관련 프로그램을 보면 발표자들끼리 서로 치열하게 논쟁하는 모습을 볼 수 있다. 바로 패널(panel) 토의다.

패널은 어떤 사건, 주제, 문제 등에 대해 서로 다른 의견을 가진 전문가를 4~6명 정도 모아 둔 것을 말한다. 이 패널들이 하나의 주제를 두고 청중들 앞에서 토의한다. 심포지엄이 청중을 향해 주장하는 것이라면, 패널 토의는 패널들끼리 토의하는 것을 마치 관전하듯이 청중들이 바라보는 형태이다. 물론 중간중간 청중의 질문을 받기도 한다. 하지만 심포지엄과 달리 청중의 질문이 중심이 아니고 질문의 횟수도 제한되는 경우가 대부분이다.

우리나라에서는 패널 토의가 이익 집단을 대표하는 사람들이 나와서 자기네 입장을 관철시키는 것으로 잘못 알려져 있는데, 기본적으로 패널 토의는 토의의 방식이고 상대방을 논박해서 이기려고 하는 것이 아니다. 애초에 여러 분야의 서로 다른 전문가나 대표들로 패널을 구성하는 목적 자체가 문제를 여러 측면에서 바라보고, 서로 보지 못했던 점이 무엇인지를 고려해 공통의 해결책을 찾아보려는 것이다. 만약 논박과 승패가 목적이었다면 여러 분야 전문가가 아니라 찬성과 반대처럼 명확하게 편을 갈라서 토론자를 배치했을 것이다.

포럼

포럼(forum)이란 고대 로마의 '광장'을 뜻한다. 공화국 광장에 시민들이 모여 정책에 대해 의견을 주고받던 전통에서 유래된 이름이다. 공개된 장소에서 공공의 문제를 가지고 많은 사람들이 토의하는 방식으로, 흔히 '공청회', '공개 토의'라고 부르는 것들이다.

포럼의 가장 전형적인 모습은 광장에 운집한 청중 앞에서 각각 다른 견해를 가진 논객들이 나서 자신들의 주장을 펼치고, 청중들이 즉각적으로 질문을 던지면서 요란한 논의의 판을 벌이는 것이다. 물론 발표자들끼리도 의견을 나눌 수 있고, 시간제한이나 다른 제약은 없다.

포럼의 가장 큰 목적은 어떤 문제에 대한 여론을 알아보는 것이다. 전문가들의 견해를 모아서 합의하는 게 목적이라면 패널 토의가 적당하다. 하지만 대중의 여론을 알아보고자 한다면 제약 없이 자유롭게 발언할 수 있는 환경이 필요하고, 이를 위해서는 포럼이 가장 좋은 방식이다. 포럼의 생명력은 청중들의 질의응답이 얼마나 활발하고 자유롭게 이루어지는가에 있다.

당연히 포럼은 정책 결정 과정에서 매우 중요한 역할을 한다. 어떤 정책을 결정할 때 가장 중요한 것이 국민의 생각, 즉 여론을 들어 보는 것이기 때문이다. 그래서 대부분의 민주국가에서는 어떤 법률이나 정책을 결정하기 전에 반드시 몇 차례 이상의 공청회를 실시하도록 정해 두고 있다. 그런데 우리나라에서는 이름만 포럼 혹은 공청회라고 하고 막상 심포지엄처럼 진행하는 경우가 많아 비난받곤 한다. 미리 발표자들을 여러 명 정해 놓고 발제를 들은 뒤, 시간이 부족하다는 핑계로 몇몇 청중의 질문만 듣고 끝낸다면 진정한 의미의 공청회라고 할 수 없다.

원탁 토의

이름에 '원탁'이 들어가지만 반드시 원탁에 앉아서 하라는 뜻은 아니다. 참가자들의 자격이 모두 동등하다는 원칙만 지키면 되는데 대체로 원형 테이블에서 진행하는 경우가 많다. 아무래도 사각형 테이블에 네 명 이상이 앉게 되면, 회의를 주최하는 의장 역할의 자리가 생길 수밖에 없기 때문이다. 둥글게 빙 둘러앉으면 윗자리, 아랫자리의 구별이 없어서 자유로운 토론이 가능하다.

원탁 토의는 10명 내외의 사람들이 서로 동등한 자격을 가지고 공동의 관심사에 대해 자유롭게 의견을 나누는 토의 방식이다. 특별한 규칙도 없고, 사회자도 따로 정하지 않는 것이 원칙이다.

버즈 토의

제한된 시간에 아주 많은 사람들이 토의해야 할 경우, 그야말로 와글거리는 아수라장이 되는 것을 방지하면서도 토의에서 소외되는 사람이 없도록 만든 토의 방식이다.

먼저 사람들을 6명 내외의 그룹으로 나눈다. 만약 참석자가 200명이라고 하면 33개 정도의 그룹이 된다. 그다음 33개 그룹이 같은 주제를 가지고 6~10분 정도 토의를 진행한다. 200명이 모여 있지만 33개의 원탁 토의가 동시에 진행되는 것과 같다. 이때 수십 개의 그룹이 토의하는 소리가 한꺼번에 모이면 마치 벌 떼가 윙윙 날아다니는 소리처럼 들린다고 해서 버즈(buzz)라는 이름이 붙었다. 그룹별 토의가 끝나면 다 같이 모여서 각 그룹에서 토의된 내용을 바탕으로 전체 토의를 진행한다. 이미 그룹별 토의를 통해 생각들이 어느 정도 정리가 되었기 때문에 처음부터 200명이 토의를 시작하는 것보다 훨씬 정돈된 토의가 가능하다.

지금까지 토의의 여러 유형에 대해 알아봤다. 학급이나 학교, 친구들 사이에 어떤 논의 주제가 생겼을 때 서로의 의견을 듣고 원활히 논의할 수 있도록 가장 적합한 토의 방식을 선택해서 진행해 보길 바란다.

경쟁적 의사소통, 토론

이번에는 토론에 대해 알아보자. 토론은 자신의 주장에 확신을 가진 사람들 간의 의사소통이다. 그래서 토론에 참가하는 사람은 자신의 주장이 진리이고 상대방의 주장은 오류라는 전제하에, 상대방을 설득하거나 상대방의 논리를 논파해서 자신의 주장을 관철하려 한다. 그래서 토론은 토의와 달리 승자와 패자가 나뉜다.

토의와 토론의 차이를 가장 잘 보여 주는 것이 바로 사회자의 역할이다. 토의에서 사회자는 참가자들이 자연스럽게 자신의 생각을 드러낼 수 있도록 진행한다. 발언을 너무 길게 하는 사람을 제재하고 침묵을 지키는 참가자가 발언하도록 격려하는 역할이다. 반면 토론의 사회자는 일종의 심판과도 같은 역할을 한다. 논점을 이탈한 발언을 중단시켜 쟁점으로 돌아오게 하고 상대방을 비하하거나 궤변을 펼치는 발언자를 제지하기도 한다.

사이좋게 토의를 통해 합의하면 좋은데 왜 굳이 토론을 하는 것일까? 물론 그럴 수만 있다면 더할 나위 없이 좋겠지만 현실은 그렇지 않다. 실제로 대부분의 사회 정치적 의사 결정은 사이좋은 합의가 아닌 다수결로 정하는 경우가 많다. 다수결은 명백히 이긴 쪽과 진 쪽으로 결과가 갈린다.

따라서 승자와 패자를 가리기 위해 토론을 충분히 거쳐야한다. 만약 충분한 토론을 거치지 않고 다수결을 한다면 다수는 오만해지고 소수는 불만을 갖게 된다. 그래서 고대 아테네민주 정치의 지도자였던 페리클레스는 "우리는 충분한 토론을 거치지 않고서는 중요한 안건을 투표에 부치지 않는다."라고 말했다. 소수는 토론을 통해 지지자를 늘려 역전을 노릴 수있고, 다수는 주장의 정당성을 더 많은 사람에게 확신시켜 세를 굳힐 수 있다. 따라서 충분히 토론한 뒤 다수결을 실시하면, 패한 쪽은 그 결과를 납득하고 승복할 수 있고, 이긴 쪽 역시 대중의 여론에 따라 언제든 뒤집힐 수 있다는 점을 의식하기 때문에 오만해지지 않는다.

하지만 무작정 토론을 많이 한다고 좋은 것만은 아니다. 토론은 매우 정교한 규칙과 절차, 섬세한 기술이 필요한 말다툼이다. 규칙과 절차에 맞는 토론 기술을 익히지 않으면 그야말로 다툼이 되어 버린다. 실제로 학생들에게 토론을 시키면 나중에는 감정싸움으로 악화되기도 한다.

어른들도 다르지 않다. 우리나라는 토론의 절차와 기술을 배울 기회가 적기 때문에 어른들 역시 토론에 서툴기는 마찬가지다. 막상 토론을 하면 상대방의 감정을 상하게 할까 봐 자기 의견을 제대로 밝히지 못하기도 하고, 또 반대로 자기 의견을 반박한 상대방 때문에 마음의 상처를 입기도 한다. 결국 몇몇 목소리 크고 멘털 강한 사람들의 독무대가 되어 버리는 경우가 많다.

하지만 어릴 때부터 토론 경험이 많은 나라의 사람들은 "저렇게 서로 심하게 반박하면 나중에 어떻게 서로 얼굴을 볼까?"싶을 정도로 아주 격렬한 논쟁을 하고서도, 막상 토론이 끝나면 언제 그랬냐는 듯이 전과 같은 관계를 유지하곤 한다. 이건 민족성의 문제가 아니라 단지 우리나라 사람들이 토론의 경험이 부족하고 제대로 토론하는 방법을 배우지 않았기 때문이다. 이제 토론의 방식을 알아보자.

가장 보편적인 토론 방식

승부를 겨루는 운동 경기에 다양한 종목이 있듯, 서로의 주장으로 경쟁하는 토론에도 다양한 방식이 있다. 그중 가장 많이 사용되는 방법은 'CEDA(Cross Examination Debate Association)'라고 불리는 교차 심문식 토론이다. 이 토론 방식은 청중 앞에서 토론자들이 두 진영으로 나뉘고 정해진 절차에 따라 토론 대결을 벌인 뒤, 청중에게 승패의 판정을 구하는 방식이다. 일반적인 진행 순서는 다음과 같다.

1. 토론자들을 대립하는 두 편으로 나눈다.

2. 각 진영에서 논리적이고 체계적으로 주장을 펼친다.

3. 상대 주장의 논리적 오류나 허술한 근거를 지적하면서 상대의 논리를 깨뜨리는 반박, 재반박을 주고받는다.

4. 각 진영은 자신들의 주장을 정당화하고 상대방의 주장을 깨는 최후 발언을 하면서 토론을 마무리한다.

5. 청중 혹은 심사단에게 승패 판정을 요청한다.

원래는 참여하는 각사가 옳다고 생각하는 바에 따라 편을 나누어 토론해야 하지만, 학교에서는 자기 생각과 달리 추첨이나 임의에 따라 입장이 결정되는 경우가 많다. 교내 토론은 학생들이 실제로 토론을 통해 뭔가를 결정하는 것이 아니라 토론의 절차와 방법을 익힌다는 교육적 목적이 중요하기 때문이다. 학교에서는 특히 '의회 방식 토론'을 많이 활용한다. 영국 의회에서 정책을 토론하는 방법을 본떠 만든 방식이다. 우리나라뿐 아니라 세계 여러 나라의 토론 대회에서도 이 방식을 채택하곤 한다.

한 팀은 보통 4명으로 구성되며, 찬성 팀은 '정부(government)'라고 부르고, 반대 팀은 '야당(opposition)'이라고 부른다. 각 팀의 구성원들은 토론에서 각자 맡은 역할이 있다. 먼저 찬성 팀의 리더는 총리이고, 반대 팀의 리더는 야당 대표이다. 그 아래에 각각 부총리, 부대표를 두고 나머지 남은 두 사람은 토론자가 된다. 이제 이 4 대 4 토론 대결이 어떤 순서로 진행되는지 알아보자.

입론*의 단계

1. 찬성 측의 첫 번째 연설자인 총리가 발언한다. 이 토론의 주제와 범위를 밝힌 뒤 이 주제에 찬성해야 하는 이유를 전반적으로 설명한다. 이때 예상되는 반론을 미리 언급해서 상대의 기세를 누르기도 한다.

2. 반대 측의 첫 번째 연설자인 야당 대표가 발언한다. 먼저 찬성 측이 제시한 토론의 주제와 범위에 대해 동의하는지를 밝힌다. 만약 동의하지 않으면 토론의 주제와 범위를 새롭게 제시한다. 다음으로 반대 측의 입론을 제시하는데, 이때 주의할 것은 미리 준비한 원고가 있다 하더라도 그걸 있는 그대로 발표하는 것이 아니라 앞서 들은 찬성 측 입론의 내용에 따라 적절히 조정할 수 있어야 한다.

교차 심문 단계

1. 찬성 측 두 번째 연설자인 부총리가 발언한다. 반대 측 야당 대표의 논증을 반박하고, 찬성 측 주장을 정당화할 새로

---

* 입론 어떤 사안에 대하여 각자의 의견을 제기함. 또는 그런 의견을 제기하는 취지나 순서 따위의 체계를 세움.

운 논증을 세시한다.

2. 반대 측 두 번째 연설자인 야당 부대표가 발언한다. 부총리의 반박 내용에 대해 재반박하고, 여기에 더해 총리와 부총리가 제시한 찬성의 논증들을 반박한다.

3. 찬성 및 반대의 세 번째 연사는 각각 지금까지의 상대 논증을 반박하고 재반박한다. 단, 세 번째 연사는 새로운 논증을 꺼내서는 안 되며, 어디까지나 앞의 연사들이 주고받은 내용을 보다 심도 있게 분석하고 이를 바탕으로 반박과 재반박해야 한다.

4. 찬성 및 반대의 네 번째 연설자는 지금까지의 논쟁을 정리하고, 자신들의 주장이 더 논리적이며 타당하다고 강하게 주장한다.

최후 변론 단계

최후 변론자는 반드시 지금까지 진행된 토론의 내용을 근거로 발언해야 한다. 토론 전에 미리 준비했던 원고를 읽으면서 실제 진행된 토론 내용과 동떨어진 변론을 할 경우 청중들에게 생뚱맞다는 인상을 주게 되고 토론에서 패배하기 쉽다.

1. 찬성 측 최후 변론은 총리 혹은 부총리가 담당한다. 지금까지 제시된 찬성 측의 논거를 전체적으로 요약하고, 그 논거가 반대 측의 반박에도 불구하고 기각*되지 않았음을 주장한다. 반대 측의 주장은 모두 논파되었고, 따라서 찬성 측 주장이 옳음을 주장한다. 특히 토론 중 찬성 측 주장이 우월했음을 보여 주는 부분을 다시 한번 강조한다.

2. 반대 측 최후 변론은 야당 대표 혹은 부대표가 담당한다. 지금까지 제시된 반대 측의 논거를 전체적으로 요약하고, 찬성 측에 대한 반대 측의 반박이 성공했으며 찬성 측의 반박은 모두 기각됐고, 따라서 반대 측의 주장이 옳음을 주장한다. 특히 토론 중 반대 측 주장이 우월했음을 보여 주는 부분을 다시 한 번 강조한다.

이렇게 토론 절차를 자세히 살펴보면 토론이 쉽지만은 않다고 느낄 수도 있다. 이제 의사소통 능력이라는 것이 그저 말을 많이 하는 능력이 아니라는 점을 충분히 이해했을 것이

---

* 기각 형식적으로 필요한 조건은 갖추었으나, 그 내용이 실체적으로 이유가 없다고 판단하여 종료함.

나. 의사소통 능력은 자기주장을 타당성 조건에 맞게 잘 내세우는 능력이다. 그런데 우리 사회에서는 자기주장을 내세우면 '독선적이다.', '소통 능력이 없다.'라며 비난받기도 한다. 그만큼 소통에 대한 우리 사회의 인식이 왜곡되어 있다고 볼 수 있다. 각자가 자기주장을 갖고 토론하고 설전할 수 없는 사회라면, 그 사회의 구성원이 할 수 있는 말은 농담뿐일 것이다.

◆

사회적 동물인 인간에게 커뮤니케이션 능력은 누구나 지닌 본능과도 같아. 진정한 의사소통은 서로 대등한 입장에서 솔직한 생각을 주고받을 때 가능하지. 어찌 보면 진정한 대화는 민주 사회에서 가능하며, 바꿔 말하면 대화가 가능해야 진정한 민주 사회를 이룰 수 있어.

우리는 어떤 경우에도 공동체의 구성원으로서 살아가야 해. 이 공동체가 소수의 일방적인 명령이 아니라 구성원들 간의 합리적인 의사소통으로 운영될 때 지식과 정보가 생산되고, 창의성이 꽃필 수 있을 거야. 여러분도 우리 사회에서 바로 그런 '대화가 통하는', '소통을 잘하는' 구성원이 되기를 바라.

6장

한 걸음씩 함께 나아가기
민주시민 역량 처방

한 사람이 기억할 수 있는 사람은 몇 명이나 될까? 이름만 아는 수준이 아니라 얼굴과 특징까지 기억할 수 있는 사람은 150명을 넘기 어렵다고 해. 재미있는 사실은 자연 상태에서 무리를 이루고 사는 동물의 집단도 150마리를 넘는 경우는 드물다는 거야. 그런데 인간은 150은커녕 150만 또는 수억 명 단위의 거대한 집단을 만들고 살아가잖아?
이게 가능한 이유는 우리가 정치 집단을 형성했기 때문이야. 인간에게는 정치 집단을 구성하고 그 구성원으로서 집단에 참여하는 특별한 능력이 있어. 앞서 진정한 대화, 소통은 민주 사회에서 이루어진다고 했지? 민주적인 공동체에 필요한 특별한 힘을 키우기 위해서 정치와 권력에 대해 알아보고 민주시민 역량을 키워 보자.

정치와 권력에 대해

　여러분은 선거에 나온 정치인을 욕하거나, 정치 자체를 폄하하는 어른들을 본 적이 있을 것이다. 때로는 "저 사람은 정치적이야."라는 말도 들을 수 있는데 이때 정치라는 말에는 더러운 것, 정의롭지 못한 것이라는 뜻이 담겨 있다. 그런데 이렇게 말하는 어른들은 정치의 뜻을 제대로 알고 있을까?

　정치란 대체 무엇일까? 사실 학자들도 여기에 대해 자신 있게 대답하지 못한다. 그래서 정치에 대한 정의가 수없이 많은데, 그중 오늘날 가장 널리 인용되는 정의는 미국의 정치학자 데이비드 이스턴(David Easton)이 내린 "가치 있는 것들을 권위적으로 배분하는 행위"이다. 다시 말해 "이해 갈등을 무력이 아니라 권위에 의해 결정하는 과정"이 정치라는 것이다. 이걸 '넓은 의미의 정치'라고 한다.

독일의 사회학자 막스 베버(Max Weber)는 "정치란 국가의 운영 또는 이 운영에 영향을 미치는 활동"이라고 했다. 특히 권력의 작용과 관련되는 현상이라고 했는데, 이건 '좁은 의미의 정치'에 해당한다.

권력이란 어떤 강제성을 가진 힘으로, 다른 사람의 저항에도 불구하고 자신의 뜻을 관철시킬 수 있는 영향력이다. 그렇다면 권력이 반드시 국가에만 있는 게 아니라는 걸 알 수 있다. 예컨대 부모와 자식 관계에도 분명히 권력이 작용한다. 프랑스의 철학자 미셸 푸코(Michel Foucault)의 지적처럼 두 사람만 모여도 반드시 권력관계가 생기기 마련이다. 따라서 정치란 국가, 정부에만 해당되는 것이 아니라 우리 일상생활 곳곳에서 일어나는 현상이라고 볼 수 있다.

정치가 필요한 이유

그렇다면 각자 자기 마음대로 살면 되지 다른 사람에게 이래라저래라하는 정치가 왜 필요할까? 그건 우리가 사용할 수 있는 자원이 한정되어 있기 때문이다. 우리는 모든 사람이 충분히 만족할 만큼의 자원과 가치를 획득할 수 없고, 또 모든 사람이 늘 생명과 건강을 보장받을 만큼 안전한 세상을 살아갈 수도 없다. 우리는 언제나 자원과 가치의 부족을 느끼며, 우리의 생명과 건강은 늘 위험에 노출되어 있다. 따라서 빠듯한 자원을 모든 구성원들이 납득할 수 있도록 나누고, 우리의 생명과 건강을 보호할 힘이 필요하다. 그 힘이 바로 권력이다.

예를 들어 친구 여덟 명이 몹시 배가 고픈데, 피자 한 판이 생겼다고 하자. 문제는 그 피자 한 판을 여덟 조각으로 나누면 간신히 허기나 면할 정도로 양이 아주 적다는 사실이다. 모두 한 조각씩 먹으면 간에 기별도 안 가고, 두 조각씩 먹으면 한 조각도 못 먹는 친구가 생긴다. 만약 아무런 규칙 없이 힘의 논리로 정한다면, 가장 힘센 친구가 배불리 먹고, 그다음 힘센 친구가 나머지를 먹고, 힘이 약한 친구는 아무것도 먹지 못할 것이다.

실제로 자연 상태에서 자원이 분배되는 방식이 이러하다. 예컨대 어미가 가져다주는 먹이를 놓고 새끼 동물들이 다투는 것을 보면, 형제 사이에도 인정사정없고, 결국 가장 약한 새끼는 제대로 먹지 못해 시름시름 앓다가 죽고 만다.

이럴 때 모두가 믿고 따를 만한 권위 있는 누군가가 정확하게 팔 등분으로 나눈 다음 한 사람이 한 조각씩만 먹는 거라고 정해 준다면? 충분히 배부른 친구는 없어도, 모두가 골고루 피자를 나누어 먹을 수 있고, 무엇보다 서로 먹겠다고 싸움박질하는 상황을 막을 수 있다. 이게 자연 상태와 구별되는 정치 상태(시민 상태)다. 힘의 논리가 아니라 모두가 인정하는 권위에 의해 자원이 효율적으로 분배되는 것인데, 이때 자원을 다른 구성원에게 분배할 수 있는 힘이 바로 '권력'이다.

하지만 권력 현상이 일어난다고 해서 반드시 그걸 정치라고 할 수는 없다. 가령 침팬지 무리를 보면 자원을 분배하는 알파 수컷이 있다. 무리의 구성원들은 알파 수컷이 분배하는 대로 음식을 먹고 짝짓기를 한다. 그런데 알파 수컷은 자원을 분배할 때 무리 전체의 균형을 고려하지 않는다. 우선 자기가 제일 많이 가지고, 그다음 자신과 가까운 개체들에게 분배한다. 결과적으로는 무리의 질서가 유지되지만, 처음부터 알파 수컷이 무리의 질서와 안정을 염두에 둔 것은 아니다. 그렇기 때문에 이걸 정치라고 할 수는 없다.

인간의 정치는 동물과 다르다. 영국의 위대한 정치학자 존 로크(John Locke)는 《통치론》이라는 책에서 "정치권력이란 공동체의 법(규칙)을 만들고, 공동체의 무력을 동원할 수 있는 힘"
이지만, 어디까지나 "공동체 전체의 이익과 안전을 위해서만
사용하는 힘"이라고 말했다. 권력자 개인의 이익이 아니라 공
동체 전체의 이익과 안전을 위해 구성원들의 합의와 동의하
에 행사되는 힘, 그게 바로 정치권력이다. 만약 권력자가 그
힘을 공동체 전체의 안전과 이익이 아니라 자기 자신과 가족,
친지의 사사로운 이익을 위해 사용한다면? 그건 권력이 아니
라 폭력이다. 그래서 임금과 폭군이 구별되는 것이고, 국민에
게는 폭군을 몰아낼 권리가 생기는 것이다.

하지만 이렇게 물어볼 수도 있다. 정치권력이 반드시 필요
한 것일까? 앞서 의사소통에 대해 살펴본 것처럼 사람들이 서
로의 생각을 주고받고 조정하면서 합의할 수 있다면, 의사소
통만 잘 이루어진다면 굳이 권력 있는 사람이나 기구를 세울
필요가 있을지 생각해 볼 수도 있다. 실제로 이렇게 생각한 사
람들이 있었고 이들을 아나키스트(anarchist), 즉 무정부주의자
라고 한다.

물론 공동체의 중요한 일들을 구성원의 토의와 토론을 통
해 결정할 수 있다면 가장 이상적일 것이다. 그렇지만 그럴 수
있는 여건의 작은 공동체들, 예컨대 고대 그리스의 도시 국가

폴리스나 미국의 초기 정착민 사회에서도 권력을 가진 대표자를 세웠다.

더 작은 공동체, 예컨대 가정이나 학교에서도 마찬가지다. 주말 나들이나 외출, 혹은 여행을 어디로 갈지 정할 때 다 같이 모여서 토의하고 토론하는 가족은 흔치 않다. 대개는 아버지 혹은 어머니가 정하면 자녀들은 따라갈 뿐이다. 학교에서는 선생님들이 이런저런 활동 프로그램을 정하면 그에 따라 무슨 공부를 할지, 어디에 가서 어떤 체험을 할지 정해지고, 학생들은 그에 따른다. 선생님들이 정한 프로그램을 학생들이 거부하거나 모든 교육 프로그램을 토의 혹은 토론을 통해 정하자고 주장하는 일은 드물다.

왜 그럴까? 바로 인간의 삶이 수많은 선택지에 둘러싸여 있기 때문이다. 우리는 매일 매 순간 많은 것을 선택하며 살아간다. '오늘 점심은 뭘 먹을까?', '학교에 버스를 타고 갈까 아니면 걸어갈까?' 등 개인의 선택도 이렇게 복잡한데 하물며 공동체, 사회 집단의 경우라면 어떨까? 구성원들이 하나하나 토의와 토론으로 결정한다면, 아마 하루 종일 회의만 하느라 다른 일은 전혀 못 할 것이다.

그래서 하루에 수십, 수백 개의 선택지 중 상당수는 자격

있는 사람에게 맡겨 두고 우리는 중요한 일만 참여해 논의하는 편이 훨씬 효율적이다. 특히 그 문제가 공동체의 안전에 대한 것이라면, 안전 문제를 매번 토의와 토론으로 정하는 것이 정말 합리적일까? 오히려 믿을 수 있는 책임자를 정해 두고 공동체의 안전을 감시하고 책임지게 하는 것이 더 효율적이지 않을까?

그렇다면 무슨 근거로 특정한 사람 혹은 기구에게 그러한 책임과 권력을 줄 수 있을까? 그리고 그 사람이나 기구가 권력을 발휘할 때 우리가 반발하지 않고 그에 따르게 만드는 힘은 어디에서 나오는 걸까?

중국의 공산당 지도자였던 마오쩌둥은 "권력은 총구에서 나온다."라는 유명한 말을 남겼다. 이 말은 권력이 다른 사람의 생명과 안전을 박탈할 수 있는 능력, 즉 폭력에서 나온다는 뜻인데, 과연 그럴까?

예를 들어, 중고등학교 교실에서 체구가 작고 연세가 많은 선생님의 말씀을 덩치 큰 남학생들이 순순히 따르는 이유는 무엇일까? 만약 권력이 폭력에서 나오는 것이라면 중학생이나 고등학생이 교사를 지배하고, 덩치 큰 아들이 어머니를 지배할지도 모른다. 그리고 어느 편이든 숫자가 많은 쪽이 법과 제도를 무시하고 마음대로 할 수 있는 세상이 될 것이다. 하지만 이런 사회에는 정치는 없고 혼돈만 있을 뿐이다.

권력은 어디에서 나올까?

폭력과 무력을 쓰지 않고 다른 사람을 지휘하거나 따르도록 만드는 권력의 근원은 무엇일까? 바로 '권위'다. 학생들이 선생님 말에 따르는 것은 그 선생님에게 권위가 있기 때문이지 물리적인 힘이 세기 때문이 아니다. 신하들이 임금을 따르는 것 역시 임금에게 권위가 있기 때문이지 칼끝으로 위협해서가 아니다.

이처럼 "저 사람, 저 기구가 권력을 가지는 것이 정당하다."라는 공동체의 협의가 있어야 권력과 권위가 나온다. 그렇다면 사람들은 어떤 경우에 특정한 인물 혹은 기관에 권력이 있을 만하다고 생각할까? 어떤 경우에 그 인물이나 기관의 권위를 인정할까? 이에 대해 막스 베버는 권위의 근원을 다음 세 가지로 정리했다.

전통적 지배

권위가 전통이나 관습에서 비롯된 경우다. 대표적인 사례로 왕의 자리가 세습되는 군주정이 있다. 왕에게 복종하는 이유가 아주 오래전부터 그래왔던 역사적인 전통과 관습에 근거하고 있는 것이다. 또 나이가 많은 사람이 대표자가 된다거나 아버지가 집안에서 가장 역할을 하는 것도 마찬가지다.

하지만 사회가 발전할수록 전통은 약해지는 경향이 있다. 왕이기 때문에 아버지이기 때문에, 혹은 귀족이나 어르신이기 때문에 복종을 요구할 경우 "왜 그래야 하지?"라는 반문을 당하게 된다. 따라서 전통적 지배에 의한 권력은 의외로 취약할 수밖에 없다. 사람들이 "왜?"라고 반문하는 순간 무너져 버리기 때문이다.

그래서 고대 왕들은 자신들의 권위에 대한 의심이 나오지 않도록 스스로 사람이 아닌 존재로 신격화해야 했다. 신 혹은 신의 혈족이라고 선포하거나, 신이 특별히 자신에게 세상을 맡아 다스리라고 권위를 부여했다고 주장하기도 했다.

왕이 신의 혈족이라고 하는 신화적 근거를 제시한 사례로 우리나라의 단군왕검이 대표적이다. 고구려 시조인 동명왕 역시 하늘의 신인 해모수와 물의 신인 하백의 딸 사이에서 태어난 존재였다. 신라의 시조인 박혁거세와 가야의 시조인 김수로는 모두 알에서 태어난 신비로운 탄생 설화가 있다. 뿐만 아니라 고대 이집트의 파라오는 스스로 신이라고 공표했고, 고대 그리스의 왕들 역시 자기 조상이 신이라고 주장했다.

카리스마적 지배

카리스마는 최근에도 흔히 사용되는 말이다. 때론 예능 프로그램에서 카리스마라는 말을 희화화하기도 하는데, 카리스마는 단순히 세거나 무섭게 보이는 등 상대방을 위압하는 분위기를 뜻하는 말이 아니다. 카리스마는 개인이 스스로 만들어 낼 수 있는 권위를 말한다. 굉장히 유능하거나, 매력적이거나, 다른 사람들이 믿고 따를 수밖에 없는 능력이나 자질을 카리스마라고 한다.

스티브 잡스 같은 인물이 성격적 결함에도 불구하고 애플과 픽사라는 두 거대 기업을 이끌 수 있었던 이유는 스티브 잡스의 탁월한 능력을 다른 사람들이 모두 인정했기 때문이다. 반면 능력은 부족해도 사람들의 호감을 쉽게 얻는 사람도 있다. 그런 사람들에게는 매력이 있다. 카리스마는 바로 이 능력과 매력을 말한다.

우리나라의 정치사에서는 서로 경쟁자였던 김영삼, 김대중 두 대통령이 카리스마의 정수를 보여 준다. 1990년대 중반에 재임한 김영삼 대통령은 국민의 지지를 끌어오는 매력이 탁월했고, 그다음에 당선된 김대중 대통령은 정치적 능력이 뛰어났다.

만약 능력과 매력이 모두 막강한 사람이라면 어떨까? 그런 인물이라면 한 나라 정도가 아니라 거의 전 세계적으로 영향력 있는 인물이 될 것이다. 하지만 그런 인물이 반드시 세계사에 긍정적인 역할만 하는 것은 아니다. 예를 들어, 프랑스의 나폴레옹은 뛰어난 능력과 매력으로 널리 알려진 인물이 됐지만 본인의 높은 이상과 달리 유럽을 오랜 세월 전쟁터로 만들기도 했다. 독일의 히틀러는 탁월한 정치 감각과 설득력을 지닌 유능한 정치인이자 대중을 끌어당기는 연설가로 알려진 인물이었지만 유대인을 학살하고 세계 대전을 일으키기도 했다.

따라서 카리스마적 권위에 의존하는 정치는 바람직하다고 볼 수 없다. 아무리 탁월한 개인이라도 인간인 이상 과오를 범하는데, 카리스마에 기반한 정치에서는 이를 견제하거나 바로잡을 방법이 없다. 오히려 그 과오를 비판하는 사람이 지도자를 사랑하는 대중에게 배척당하기 쉽다.

또한 카리스마에 의존하는 권위는 매우 불안정하다. 지도자에 대한 대중의 믿음이나 애정이 식어 버리면 그토록 막강해 보였던 권력이 한순간에 무너질 수도 있기 때문이다. 이탈리아의 독재자 무솔리니는 쿠데타로 정권을 잡은 뒤 정치, 문화, 경제 개혁으로 강력한 독재 정치의 기반을 마련하고 절대 권력을 누렸으나 제2차 세계 대전에 패하면서 하루아침에 공공의 적이 되어 대중에게 버림받고 죽임을 당하기도 했다.

합법적 지배

합법성은 "왜 저 사람(집단)에게 복종해야 할까?"라는 물음에 대해 "우리 모두 합의했으며, 법이 정한 절차에 따라 그렇게 하기로 결정했기 때문이다."라고 대답할 수 있는 경우를 말한다. 권위의 시작점을 법률과 절차에 두게 되면, 권력자 개인의 능력과 특성이 아니라 권력자가 그 자리에 올라간 과정에 합법성이 생겨 권위가 정당화된다. 그리고 이렇게 정당화된 권위는 사회 구성원 전체가 동의한 것이기 때문에 다른 무엇보다 쉽게 납득할 수 있다.

대통령의 권위, 사법부의 권위, 교사의 권위 같은 것늘이 모두 여기에 해딩된다. 법정 드라마를 보면 검사나 변호사가 발언을 시작하면서 "존경하는 재판장님"이라고 말머리를 붙이는데, 이건 판사 개인이 대단해서가 아니라 그들이 대표하고 있는 법과 제도에 대한 존경을 표현하는 말이다. 그리고 그 법과 제도는 국민들이 만든 것이니 우리는 우리가 만든 법을 존경하고 그 권위에 따르는 것이다.

학교 선생님도 마찬가지다. 대부분의 학생은 3월 초에 새 교실에서 처음 만나는 선생님에게 아무런 의문 없이 담임이라는 권위를 인정하며 선생님의 말씀을 따른다. 선생님 개인의 능력과 인품이 대단해서가 아니라 교사를 양성하고 선발하고 배치하는 우리나라 교육법과 제도에 대한 믿음이 있기 때문이다. 다시 말해, 권위를 인정하는 것이다. 만약 교사 시험과 임용 과정에서 불법과 편법이 만연하다면 학교 선생님이라는 이유로 학생들의 자발적인 복종을 끌어내기는 어려울 것이다.

권위 있는 사람은 권위적일까?

권위는 눈에 보이지 않는다. '권위자'라고 이마에 써 붙이고 다닐 수도 없다. 그런데 생각해 보면 권위를 눈으로 볼 수 있게 드러낸 장치들이 있다. 권위를 상징하는 이런저런 표식을 사용해 '권위자'임을 드러내는 방식이다.

박물관에 가면 볼 수 있는 신라 시대 금관이나 허리띠, 신발 같은 것들이 좋은 예시다. 보기에는 화려하게 반짝이고 멋있지만 실제로 그토록 많은 황금을 몸에 휘감으면 무거워서 제대로 걸을 수 없었을 것이다. 하지만 당시 왕들은 이토록 요란한 장식물들을 걸침으로써 신과 하늘, 태양 등이 자신에게 강력한 통치권을 내려 주었음을 과시했다.

이런 상징물들은 오늘날에도 찾아볼 수 있다. 재난으로 아수라장이 된 현장에서 주황색 옷을 입은 소방관이 나타나거나 혹은 환자들로 가득한 병원 응급실에서 하얀색 가운을 입은 의사가 나타나면 사람들은 그들을 믿고 따른다. 또 판사들이 입는 검은색 법복 역시 사회의 법을 대표하는 권위자임을 상징한다.

그런데 일반적으로 사람들은 권위라는 말을 부정적인 의미로 사용하는 경우가 많다. 예컨대 "우리 담임 선생님은 권위적이야.", "이승만 정권은 권위주의 정권이었어."라는 말에서 '권위'는 절대 긍정적으로 들리지 않는다. 하지만 "권 박사는 사회과학 분야의 권위자다.", "조성진이 권위 있는 콩쿠르에서 우승했다." 같은 말에서는 다른 느낌을 준다.

이는 권위주의와 권위가 다르기 때문이다. 권위주의가 부정적이라고 해서 권위까지 부정하지 않도록 조심해야 한다. 우리는 권위가 사라진 사회를 상상하기 어렵다. 권위가 없는 사회는 사실상 유지가 불가능하고, 결국은 힘이 센 사람이 자기 마음대로 하는 암울한 세상이 되고 말 것이다.

권위와 권위주의는 달라!

문제는 권위를 존중한다고 해서 현재의 권위자를 맹목적으로 따르고, 그 권위의 정당성에 대해 전혀 의문을 품지 않는 태도에 있다. 이런 경우 권위주의에 빠지기도 하는데, 권위주의는 지배자, 피지배자 양측에서 모두 나타난다. 지배자의 권위주의는 무조건적인 복종을 당연시하고, 조금이라도 지배자의 권력에 의문을 제기하면 권위에 대한 도전으로 간주하는 태도다. 예를 들어 교사라는 이유로 학생들의 복종을 강요하고, 강압적인 모습으로 학생들이 질문이나 반론하기 어려운 분위기를 조성하는 것 역시 권위주의라고 할 수 있다.

복종하는 쪽에서의 권위주의는, 권위에 무조건 복종하고 특정한 지위나 인물이 가지고 있는 권위를 절대적인 것으로 받아들일 때 나타난다. 그 지위나 인물을 모든 것의 판단 기준으로 삼거나 지배자의 권위에 무조건 복종하려는 성향인데, 이런 성향을 가진 사람은 권위의 정당성이나 이유를 묻지 않고 현재 시점에서 권력을 가진 유력한 인물에게 무조건 복종하는 태도를 보인다.

정리하자면, 권위를 존중하는 것은 권위를 지닌 인물이나 지위를 존중하는 것이 아니라, 그 인물이나 지위에 권위가 주어진 과정, 즉 그 정당성을 존중하는 것이다. 반면 권위주의는 그 권위가 어떻게 주어졌는지 정당성을 따지지 않고 현재 힘을 가진 사람이나 지위에 무조건 복종하는 것이다.

다시 정치의 정의로 돌아가면, 정치란 사회의 가치와 자원을 분배할 수 있는 권력을 놓고 벌어지는 인간의 행위다. 권력은 다른 사람들을 힘으로 제압하는 것이 아니라 그들이 스스로 인정하고 복종하게 하는 권위를 통해 이루어진다. 따라서 우리가 정치에 관심을 가진다는 것은 누가 권력을 가졌는지 혹은 누가 권력을 두고 다투는지에 관심을 가지는 것이 아니다. 오히려 그 권력의 바탕이 되는 권위가 어떤 과정과 근거를 통해 정당화되는지, 권위가 마땅히 주어져야 할 곳에 주어졌는지에 대한 관심과 감시라고 할 수 있다.

모두 같은 민주 정치일까?

이제 '민주(民主) 정치'에 대해 알아보자. 대한민국은 민주 공화국이다. 우리나라가 왕정이나 귀족정으로 돌아갈 가능성은 거의 없다. 그런데 우리가 정치를 이야기할 때 '민주적', '민주주의' 등 민주라는 말을 붙이면 대개는 긍정적인 의미로 받아들이게 된다. 하지만 알고 보면 아무리 억압적인 국가도 자기네 나라는 한사코 민주 정치를 하고 있다고 주장하기도 한다. 북한의 정식 명칭도 '조선 민주주의 인민 공화국'이다.

그렇다면 도대체 민주 정치란 무엇일까? 민주 정치(democracy)라는 말은 다수(demos)에게서 권력(kratos)이 나온다는 의미에서 비롯됐다고 한다. 그래서 흔히 민주 정치를 다수결과 연결 짓는 경우가 많다. 하지만 다수결은 다수를 뜻하는 'demos'의 의미를 오해한 결과라고 할 수 있다. 민주 정치의 발상지인 아테네 사람들에게 'demos'는 단지 숫자가 많다는 뜻이 아니라 귀족이나 부자 신분이 아니라는 의미였다. 다시 말해, 권력이 왕이나 귀족으로부터 나오는 게 아니라 민중(인민), 일반인에게서 나온다는 의미였다. 물론 왕족이나 귀족보다는 인민의 숫자가 더 많기 마련이니 "다수에게서 권력이 나온다."라고 말해도 크게 틀리지는 않다.

의미를 분명히 정리하자면, 민주 정치는 특별한 신분이 아닌 그야말로 보통 사람에게서 권력이 나오는 정치를 뜻한다. 보통 사람들이 그 나라 전체의 자원과 가치의 분배 규칙을 정하고 이 규칙에 왕과 귀족들도 복종하는 정치라고 할 수 있다.

그런 의미에서, 나라 이름에 민주주의, 민주 정치라는 말을 붙였다고 해서 그 나라가 저절로 민주주의 국가가 되는 것은 아니다. 북한은 이름에 민주 정치니 인민이니 하는 말을 붙이기는 했지만, 중요한 자원과 가치의 배분이 특정한 인물, 즉 최고 지도자 혹은 조선노동당이라는 소수 집단에 의해 결정되기 때문에 민주 정치라고 말할 수 없다.

그렇다면 대한민국은 민주 정치를 하고 있을까? 우리나라 역시 보통 사람들이 중요한 자원과 가치의 분배 규칙을 정하는 것 같지는 않아 보인다. 인구가 5천만 명이 넘는 나라에서 겨우 국회의원 300명에게 나라의 중요한 결정을 맡기고 있으니 말이다. 이렇게 생각하면 미국이나 영국처럼 민주 정치의 본고장으로 알려진 나라들도 보통 사람들이 권력을 행사한다고 보기는 어려워진다. 분명 그 나라에도 대통령, 총리, 국회의원이 있고, 대부분의 나랏일을 그들이 결정하기 때문이다. 그럼에도 불구하고 우리나라, 미국, 영국이 민주 정치가 이루어지는 나라라는 사실을 누구도 부정하지 않는다.

사실 '권력이 다수에게서 나오는' 정치는 수천 년 전 고대 아테네라는 작은 도시 국가에서나 가능했던 이야기다. 고대 아테네가 번성할 때 인구가 20만 명 정도였다는데, 그중에 40퍼센트는 노예였으니 실제로는 12만 명 정도이며, 이 중 미성년자를 제외하면 6만 명, 여기서 다시 여자를 제외하면 당시에는 2~3만 명 정도가 아테네 시민이었다고 볼 수 있다. 2~3만 명이 주권자로 모여 직접 권력을 행사하는 일은 불가능한 일이 아니었다. 도시의 큰 광장에 모일 수 있는 규모였고, 실제로 이들이 모두 회의에 참석하는 것은 아니었기 때문에 대략 5천~1만 명 정도가 광장에 모여 나라의 중요한 일을 결정했다고 한다.

하지만 오늘날에는 나라의 규모가 아테네와 비교할 수 없을 정도로 커졌고, 또 시민의 범위도 넓어졌다. 노예도 없고, 여성도 당연히 권리를 가지고 있다. 우리나라만 해도 2023년을 기준으로 전체 인구 약 5천만 명 중에 미성년자를 제외한 4천만 명이나 되는 시민들이 있는데, 이들이 어디에 모일 것이며, 어떻게 다 함께 나라의 중요한 일을 결정할 수 있을까?

그래서 어느 정도 규모가 되는 나라들은 시민들이 직접 권력을 행사하는 대신, 자신들을 대표하는 기구에 권력의 일부를 위임하는 방식을 택하고 있다. 바로 '대의 정치'다. 이러한 권력의 위임이 시민들의 선택에 의해, 즉 민주적인 선거를 통해 이루어졌을 경우 '대의 민주 정치' 혹은 '간접 민주 정치'라고 한다. 그러므로 대통령이나 국회의원의 권력은 본인들에게서 비롯된 것이 아니라 시민들이 그들에게 권력을 맡겼기 때문에 존재한다.

만약 은행장이 은행 금고에 들어 있는 돈이 자기 돈이라고 주장하면 어떻게 될까? 고객들이 예금을 다 인출해 버리고 금고가 텅 비어 버릴 것이다. 그래서 정치학자 존 로크는 통치자가 자신에게 위임된 권력을 남용해 인민 위에 군림하는 폭군이 되고자 하면, 인민에게는 그 권력을 회수해 다른 통치자에게 맡길 권리가 있다고 했다. 이것이 바로 4년 혹은 5년마다 치러지는 선거의 참된 의미다. 4년간 계약을 맺고 권력을 맡겼는데 일을 제대로 하지 못했다면 인민은 그 권력을 회수해 다른 대표자에게 넘길 것이고(낙선), 제대로 잘했다면 4년간 다시 재계약(재선)하게 될 것이다.

대의 민주 정치의 요건

그런데 시민들이 권력을 맡겨 놓고 4년간 무관심하게 있다가 정치인이 선거 운동 기간에 내놓는 온갖 미사여구에 현혹되어 표를 준다면 어떻게 될까? 그나마 선거에 참여하는 사람도 많지 않아서 투표율이 50퍼센트나 넘으면 다행이라고 하는 상황이라면? 대표자들은 시민을 두려워하지 않을 것이다. 4년간 마음대로 하다가 선거 운동 기간만 잠깐 시민을 권력의 주인인 듯 속이면 되니까 말이다. 그래서 선거로 대표를 선출했다고 해서 저절로 대의 민주 정치가 성립되는 건 아니다. 다음과 같은 조건들이 충족되었는지 살펴볼 필요가 있다.

공정한 선거

대표자가 그 자리에 올라가는 과정은 반드시 시민들의 자유로운 선택의 결과여야 한다. 즉, 선거 제도가 자유롭고 공정해야 한다는 의미다. 이때 가장 중요한 원리가 바로 '보통 선거'다. 보통 선거란 대표자가 되고자 하는 입후보자의 자격과, 대표자를 선출할 투표자의 자격에 특별한 제한이 없다는 뜻이다. 다시 말해, 선거권과 피선거권이 특정한 직업이나 계층에게만 주어지는 게 아니라 그 나라의 일반 시민이라면 당연하게 주어지는 권리라는 뜻이다.

다음은 '평등 선거'다. 모든 시민에게 투표권이 똑같이 한 표씩 주어져야 한다는 뜻이다. 그래야 특정한 계층이나 집단의 의사가 더 많이 반영되는 일을 막을 수 있다. 예를 들어, 미얀마는 국회의원 상·하원의 4분의 1을 군인이 정하고, 나머지를 일반 시민들의 선거로 뽑는다. 이렇게 만들어진 국회는 시민의 대표라기보다는 군인의 대표라고 불러야 마땅하다. 비록 군인이 직접 통치하지 않고 국회를 통한다 할지라도, 이 나라는 군사 통치가 이루어지는 나라로 볼 수밖에 없다.

그 밖에도 '직접 선거'와 '비밀 선거'가 반드시 지켜져야 한다. 정치에 참여해 자기 의사를 밝히고자 하는 참정권은 국민의 기본권으로 절대 남에게 내어줄 수 없다. 따라서 선의에 의할지라도 누군가에게 대신 가서 선거해 달라고 하거나 대신 투표해 주겠다고 해서는 안 된다. 또 모든 시민은 선거 결과에 의한 보복이나 불이익을 피하기 위해 누구에게 투표했는지 밝히지 않을 권리와 의무가 있다. 투표에 있어서 만큼은 개인의 선택을 물어도 안 되고 말해도 안 된다.

입헌주의

민주적인 방식으로 선거가 이루어지고 훌륭한 사람이 대표로 선출됐다고 하자. 하지만 이걸로 민주 정치가 완성됐다고 하기에는 이르다. 만약 선출된 대표자에게 지나치게 많은 권력이 주어진다면 왕을 선거라는 방식으로 뽑은 것과 다름없기 때문이다. 대표자가 자기 마음대로 임기를 늘리고 점점 더 큰 권한을 행사하려 하는데 막을 방법이 없다면, 그 대표자는 대의 민주 정치의 대표자가 아니라 폭군에 불과하다. 실제로 나폴레옹 보나파르트와 그의 조카인 루이 보나파르트는 선거를 통해 대표자로 선출된 다음 권력을 이용해 정부를 뒤엎고 황제가 됐다. 히틀러 역시 선거를 통해 총리로 선출된 뒤 독재자가 됐다. 대표자에게 지나치게 많은 권력이 위임된 결과다.

그래서 대의 민주 정치에서는 대표의 임기를 성해 놓는다. 대통령과 국회의원은 정해진 임기 동안만 대통령이고 국회의원일 뿐이다. 우리나라에서 대통령은 5년이라는 단 한 번의 임기가 끝나면 평범한 시민으로 돌아가며, 국회의원은 4년으로 끝내거나 재선에 도전하기도 한다. 또 임기 동안에도 마음대로 권력을 휘두를 수 없도록 선출된 대표가 할 수 있는 일과 할 수 없는 일을 법으로 정하고, 시민과 언론은 이를 감시해야 한다. 즉 대표자는 시민이 위임한 기간 동안만, 정해진 목적을 위해 허용한 만큼의 권력을 사용할 수 있다.

존 로크는 정치권력을 "시민들의 권리, 공동체의 안전과 복지를 위해서만 사용하는 것"이라고 못 박았다. 그 밖의 다른 일을 하려고 힘을 동원한다면 그건 정치권력이 아니라 폭군의 폭력이다. 이처럼 대의 정치의 대표자는 위임받은 권력을 제한적으로만 사용하겠다고 시민과 약속해야 하는데 이 계약이 바로 '헌법'이다.

민주 정치가 이루어지는 나라의 헌법에는 다음과 같은 내용이 반드시 포함되어 있다.

기본권: 인간이 태어날 때부터 가지고 있는 기본적인 권리

이다. 자유권, 참정권, 사회권 따위가 있다. 기본권은 대표자와 정부가 침해할 수 없는 권리로 이를 지키는 것이 대표자의 임무다.

정부의 구성: 대표자를 몇 명 뽑을 것이며 권한을 어떻게 분배할 것인지, 그들을 어떻게 선출하고 임기를 얼마로 할 것인지에 대한 규칙이다. 가능한 한 권력이 여러 대표자에게 분산되어 한 명이 지배할 수 없도록 하는데, 대표적으로 삼권 분립[*]이 있다.

대표자들은 헌법이 정한 절차에 따라 선출되고, 헌법이 정한 임기 동안 권력을 가지며, 헌법이 정한 목적에 따라 권력을 사용하고, 헌법이 정한 만큼 권력을 가진다. 그리고 그 헌법은 특정한 계층이 아니라 모든 시민의 합의를 통해 만들어진다. 이런 정치 이념을 '입헌주의'라고 한다.

대의 민주 정치가 되기 위해서는 입헌주의가 반드시 필요하다. 그래서 영국이나 네덜란드처럼 왕이 있는 나라도 민주

---

[*] 삼권 분립 권력을 입법, 사법, 행정 세 가지로 분리해 입법권은 국회에, 사법권은 법원에, 행정권은 정부에 속하게 함으로써 권력 남용을 막는 정치 제도.

정치가 이루어지는 나라라고 보는 것이다. 영국의 경우, 국왕은 사법과 입법에 영향력을 행사할 수 있고 어떠한 사법적 제재도 받지 않는 특권을 지녔다. 그런데 국왕의 권한은 이론상으로 막강하지만 명목상 가지고 있는 권한을 남용하지 않으며, 헌법이 정하는 틀에서 벗어나지 않는다. 가령 내각이 법안을 처리할 때 국왕의 이름으로 제정된 초안을 국왕 앞에서 낭독하면 국왕은 이를 승인하는 방식으로 형식적인 재가가 이뤄지고 있다. 그러니 왕들은 형식상 국가를 대표할 뿐, 실질적인 권력은 국민들이 선거로 뽑은 국회에 있다고 볼 수 있다. 그리고 이런 내용은 모두 헌법에 규정되어 있다.

민주 정치의 위기를 막으려면?

그렇다면 민주 정치의 반대는 무엇일까? 독재일까? 독재는 한 사람이 모든 권력을 움켜쥐고 나라의 일을 결정하는 정치다. 독재 정치(dictatorship)는 고대 로마의 독재관에서 유래된 말이다. 독재관은 국가가 갑작스러운 위기에 처했을 때 유능한 인재에게 일시적으로 국가의 모든 권한을 집중시켜 발 빠른 대처와 지도력을 발휘하도록 한 제도다. 물론 로마인들도 독재 정치를 원하지 않았기 때문에 어쩔 수 없는 비상사태, 불가피한 위기 상황이 끝나면 독재관은 물러나야 했고, 그 임기는 길어도 6개월을 넘지 않도록 했다. 하지만 위기가 끝나도 독재관이 물러나지 않으면 어떻게 될까?

실제로 로마 시대의 장군이기도 했던 루키우스 코르넬리우스 술라는 무려 2년이나 관직에서 물러나지 않았고, 이것이 로마 공화정 몰락의 신호가 됐다. 심지어 공화정 말기의 율리우스 카이사르는 자기 임기를 죽을 때까지로 바꾸었고, 결국 루키우스 브루투스의 칼에 맞아 목숨을 잃을 때까지 독재관으로 군림했다. 이런 경우 독재관은 독재자가 되고, 독재자가 행하는 정치는 독재 정치가 된다.

독재자가 반드시 나쁜 정치를 하는 것만은 아니다. 매우 유능한 독재자가 있을 수 있고, 또 관대한 통치를 할 수도 있다. 하지만 아무리 유능하고 너그러운 통치를 하더라도 독재는 독재이며, 통치의 선택권이 오로지 독재자의 마음에 달려 있다면, 국가 상태가 좋은지 나쁜지와 무관하게 독재 정치라고 할 수 있다. 나라의 권력이 한 사람에게 집중된 상태에서 독재자 한 사람의 선택에 따라 정치가 얼마든지 나빠질 수 있기 때문이다.

민주 정치를 완성하는 제도들

미국의 정치학자 로버트 달(Robert Dahl)은 민주 정치의 가장 큰 특징을 통치자가 여럿이라는 폴리아키(polyarchy)에서 찾았다. 우두머리가 여럿이고, 그 우두머리들이 언제든지 교체될 수 있고, 우두머리가 일방적으로 정책을 결정하지 못하게 하는 장치가 마련된 체제가 바로 민주 정치라는 것이다.

이런 조건들이 충족되면 다수가 아닌 소수가 통치하더라도 민주 정치라고 할 수 있다. 반대로 이러한 조건들이 충족되지 않는다면 다수가 통치하더라도 다수의 독재일 뿐이다. 그렇다면 이러한 조건들이 충족되고 있는지 확인할 수 있는 구체적인 제도는 무엇일까? 대체로 다음과 같다.

주기적인 선거: 선거를 통해 대표자가 주기적으로 바뀔 가능성을 말한다.

보통 선거권과 피선거권: 시민들 중 누구라도 뜻이 있다면 대표가 되기 위해 나설 수 있다.

정보를 얻을 수 있는 다양한 경로: 언론의 자유와 관련된다. 특정한 집단이 정보를 독점하고 있다면, 독재로 가는 지름길이라고 할 수 있다.

시민들이 의사를 표현하고, 단체를 결성할 수 있는 자유: 선거로 선출된 대표자에게 모든 걸 위임해서는 안 된다. 시민은 선출된 대표자에게 자신들의 뜻을 수시로 알려야 하며, 대표자가 독재의 조짐을 보이면 경고할 수 있어야 한다.

선출직에 대한 군대의 복종: 군인이 아닌 일반 국민이 행하는 정치인 '문민정치'의 원리가 된다. 군이 독자적인 세력이 되면 결국 아무도 군을 막을 수 없어서 군사 독재가 이루어진다. 군은 반드시 투표를 통해 지위를 얻은 선출직에 의해 통제되어야 하고 군은 여기에 복종해야 한다.

입법권에 의한 행정 권력에 대한 견제: 행정 권력은 실제 일하는 권력이고, 대통령을 제외하면 행정부에는 선거에 의한 선출직이 거의 없다. 따라서 행정 권력은 전원 선출직으로 이루어진 입법권에 따라 견제되어야 한다. 국회가 만든 법률에 따라서만 권력을 행사하고, 또 국회가 승인한 예산만 사용할 수 있고, 해마다 국정 감사, 국정 조사를 받는 등의 제도 장치가 잘 작동해야 한다.

그렇다면 대한민국은 어떨까? 위의 제도들로 평가해 봤을 때 우리나라는 6점 만점에 몇 점이 될까? 우리나라는 비록 1987년 6월 항쟁으로 민주화가 되기는 했으나, 아직까지는 민주 정치가 완성됐다고 보기 어렵다. 민주 정치는 모두가 깨어 있는 시민 의식으로 끊임없이 스스로 이뤄 나가야 하는 우리 모두의 과제라고 할 수 있다.

독재로 이어질 수 있는 여러 조짐들

독재에도 몇 가지 종류가 있다. 독재의 종류를 알아서 뭐하나 싶겠지만, 그걸 알아야 독재의 조짐을 알아챌 수 있고 빠르게 대처할 수 있다.

권위주의

앞에서 배운 것처럼 어느 한 인물이 대중의 존경과 인정을 받으며 권력을 자신에게 집중시키면서 만들어진다. 처음에는 대중의 지지와 존경을 받으며 민주적인 방법으로 자리에 오르지만, 비판 없이 무조건적인 지지를 받으면서 점차 독재로 이어지는 경우이다.

권위주의적인 비민주 정치가 이루어지는 나라가 모두 일인 독재, 일당 독재를 하는 것은 아니다. 여러 명의 지도자 혹은, 형식적이지만 여러 정당을 둔 사례도 많다. 다만 대중이 특정 지도자를 무비판적으로 지지한 나머지, 선거를 해도 결국 일인 독재, 일당 독재가 될 뿐이다. 예컨대 싱가포르 같은 나라는 정당 설립의 자유가 보장되어 있지만 현재 정권을 잡고 있는 여당인 인민행동당(PAP)이 늘 선거에서 거의 모든 의석을 차지해 왔다. 그렇다 보니, 2020년 총선 때 노동당이 10석을 차지하면서 처음으로 야당이 두 자릿수 의석을 차지해 화제가 될 정도였다. 사실상 일당 체제인 셈이다. 그 결과 인민행동당의 설립자인 리콴유가 25년이나 총리로서 권력을 독점했고, 그 권력은 아들인 리셴룽이 선거를 통해 승계받았다.

이처럼 대중의 무비판적인 지지가 처음에는 훌륭한 정치가였던 인물을 점차 독재자로 바꾼 사례가 역사적으로 매우 많다. 전쟁이 급하다는 이유로 임기를 1년으로 제한했던 집정관 자리를 유능한 장군이었던 가이우스 마리우스에게 무려 7번이나 맡기면서 로마의 민주 정치도 무너지기 시작했다. 그는 청렴하고 용맹한 군인이었지만 어느새 독재자로 바뀌었고, 이후 누구도 그의 권력을 견제할 수 없게 됐다. 결국 로마는 폼페이우스, 카이사르, 안토니우스, 옥타비아누스 등 힘센 영웅들이 독재자의 자리를 놓고 다투는 상황이 이어지다 결국 황제의 통치를 받는 제국으로 바뀌고 말았다.

우리나라 초대 대통령인 이승만 정부 역시 권위주의 정권으로 평가받고 있다. 그렇다고 이승만 대통령이 처음부터 절대 권력을 누리기 위해 헌법을 마음대로 고치고, 부정 선거를 꾀한 인물은 아니었다. 이승만은 백범 김구와 함께 존경받는 인물이었고, 나라의 큰 어른이었다. 김구도 이승만을 형님이라고 부를 정도였다. 하지만 지나친 존경이 지도자에 대한 비판마저 흐리게 하자 견제받지 않는 절대 권력을 누리게 된 것이다. 어쩌면 국민들이 자초한 결과라고 할 수 있다. 아무리 훌륭하고 존경받는 인물이라도 비판과 견제가 없는 권력이 주어지면 독재자로 바뀔 수 있다는 사실을 명심해야 한다.

전체주의

이탈리아의 독재자였던 베니토 무솔리니가 처음 사용한 말이기도 하다. 1922년 쿠데타로 권력을 잡은 무솔리니는 독재 정치를 펼치며 "국가 안에 모두가 있고, 국가 밖에는 아무도 존재하지 않으며, 국가에 반대하는 그 누구도 존재하지 않는 것"이라고 하면서 모든 국민이 국가의 이름으로 전체, 하나가 돼야 한다고 외쳤다. 바로 여기에서 전체주의가 나왔다.

전체주의는 개인의 생각과 생활을 통제하면서 전체가 마치 하나처럼 강력하게 통제되는 중앙 집권 체제다. 전체주의는 대체로 압도적인 대중적 지지를 바탕으로 세워진 강력한 정권하에서 나타난다. 이러한 대중적인 지지는 각종 미디어를 활용한 선전(프로파간다)과 선동을 통해 만들어진다.

권위주의가 어떤 인물에 대한 무비판적 지지와 존경에서 비롯되는 독재라면, 전체주의는 어떤 공동체나 단체에 대한 무비판적 열광과 추종에서 비롯되는 독재라고 할 수 있다. 사람에 의한 독재가 아닌 집단에 의한 독재, 공동체의 이름으로 행해지는 독재다.

전체주의 국가에서는 국민들이 그 나라, 그 민족의 구성원으로서 강한 동질감을 느끼며, 외부인이나 문화적 다양성을 용납하지 않는 경향을 보인다. 또 국가와 민족의 안전과 이익을 위해 개인은 언제든 희생될 수 있다는 믿음을 공유한다. 이에 동조하는 사람은 국가나 민족을 벗어난 개인은 아무런 가치도 의미도 없다고 믿는다. 예컨대 태평양 전쟁 말기에 무지막지한 자살 공격을 퍼부었던 일본의 가미카제 대원들 중 상당수는 강요 때문이 아니라 결의에 차 스스로 행동했다.

당연한 결과지만, 전체주의에서는 국가나 민족 혹은 그 대리인으로 인정된 지도자나 권력 집단에 대한 비판이 철저히 금지되어 있다. 또 국가의 공식적인 견해와 다른 의견을 감시하고 압살하는 억압 기구가 강력한 힘을 가진다. 나치 시절 독일의 비밀경찰인 게슈타포와, 스탈린 치하 소련의 비밀경찰인 KGB가 대표적이다.

전체주의 국가는 종종 조국이나 민족이 큰 위협을 받고 있다는 위기론을 퍼뜨린다. 그렇게 조국과 민족의 단결을 내세워야 개인의 희생을 강요할 만한 근거가 생기기 때문이다. 강력한 적국이 존재하지 않는다면 나라 안에서라도 소수자들(이민족, 성 소수자 등)을 집단의 적으로 만든다. 외부의 위협이 없으면 내부에서라도 적을 만들어 위기론을 강화하는 것이다.

대표적인 예로, 나치 독일은 그동안 수백 년을 같이 살아왔던 유대인을 국가의 적으로 몰아 잔혹한 학살을 저질렀고, 그 학살을 나라 밖까지 확장하면서 온 세계를 피로 물들인 세계대전을 일으켰다. 우리나라도 독재의 시기가 있었다. 군사 독재로 대표되던 박정희 정부 역시 외부적으로는 북한과 중국 공산당 등 공산주의 국가의 침략 가능성을 강조하고, 안으로는 이에 동조하는 공산주의자들이 있다고 하면서 개인의 자유와 권리를 억압하는 전체주의 통치를 펼쳤다. 북한 역시 밖으로는 미국의 침략 위협을, 안으로는 제국주의와 자본주의의 앞잡이가 있다는 이유를 들어 전체주의 통치를 했다.

후기 전체주의

전체주의가 특정 이념적인 기반을 가지고 개인을 억압하는 정치라면, 후기 전체주의는 전체주의의 폭압적인 정치만 남기고 그걸 정당화하는 이념적 기반 따위는 없는 경우다. 전체주의 치하의 국민들은 독재자나 독재 정당이 선전하는 이념이나 이상향을 실제로 믿고 열광하지만, 후기 전체주의의 국민들은 그런 이념이나 이상향을 믿지 않고 지도자도 믿지 않는다.

예를 들어, 우리나라의 박정희와 전두환 정권을 비교하면 알 수 있다. 1970년대의 박정희 정권은 공산주의를 반대하는 반공주의 이념과 경제 발전이라는 이상향을 제시했고, 이를 위해 모든 국민이 단결해야 한다는 선전과 선동을 퍼뜨렸다. 새마을 운동이 대표적인 대중 운동이었고, 대규모의 반공 집회나 각종 궐기 대회 같은 집회가 심심치 않게 열렸다. 중앙정보부나 보안사령부에서 반대파를 색출하고 억압하기 위한 각종 통제가 이루어졌다.

1980년대의 전두환 정권은 이념적인 선전이나 선동을 하지는 않았다. 이념적으로는 이전 박정희 대통령 시절보다 훨씬 자유로웠고, 문화 정책을 펼치기도 했다. 하지만 자신들의 권력에 도전하는 세력만큼은 절대 용납하지 않았다. 통제와 억압은 박정희 시대보다 오히려 더 강하게 작동했고, 1980년 5월 광주에서 일으킨 무력 진압 같은 돌이킬 수 없는 만행을 저질렀다. 전형적인 후기 전체주의 모습이었다. 북한 역시 처음에는 권위주의로 시작했지만, 한국 전쟁을 계기로 전체주의로 바뀌고, 김일성 사망 이후에는 후기 전체주의로 바뀌었다고 볼 수 있다.

권력의 견제로 완성되는 민주 공화국

대한민국은 민주 공화국이다.

우리나라 헌법 1조 1항이다. 그런데 여기서 말하는 민주 공화국은 민주 국가와 다를까? 북한은 조선 민주주의 인민 공화국이고, 중국은 중화 인민 공화국이고, 독일은 도이치 연방 공화국이고, 미국의 양대 정당은 민주당과 공화당이다. 대체 공화국이 뭘까? 민주 정치와 같은 말일까?

공화국의 사전적인 뜻은 '왕(군주)이 없는 정치 체제'다. 그러니까 왕, 공작, 황제 등 군주가 없는 정치 체제라면 일단 모두 공화국인 셈이다. 민주 정치든 독재든 통치자가 왕이 아니면 사전적인 의미에서는 공화국이다. 반대로 아무리 민주 정치가 이루어지고 있어도 일단 왕이 있으면 공화국이 아니다.

그래서 영국의 국호는 '그레이트 브리튼과 북아일랜드 연합 왕국(United Kingdom of Great Britain and Northern Ireland)'이고, 그 밖에 민주 정치가 이루어지고 있는 나라로 알려진 국가들 중에 국호가 왕국인 나라가 의외로 많다. 노르웨이 왕국, 스웨덴 왕국, 네덜란드 왕국, 벨기에 왕국, 덴마크 왕국, 일본 역시 왕국이다. 하지만 이들 나라가 공화국이 아니라고 해서 민주 정치가 이루어지지 않는다는 뜻은 아니다.

반면 북한과 중국, 쿠바, 러시아 같은 나라들은 모두 공화국이지만, 민주 국가라고 부르지 않는다. 히틀러가 통치했던 나치 독일도 엄연히 공화국이었고, 우리나라의 박정희 군사 독재 시절 집권하던 당도 '공화당'이었다. 중요한 것은 권력이 특정한 집단이나 개인에게 독점되고 마음대로 행사되느냐, 아니면 시민들에 의해 견제되고 조율되느냐 하는 것이다.

공화국 시민은 아무나 될 수 없어!

그런데 정치학자들 중에는 공화국이 단지 '왕이 없는 나라'

라는 단순한 의미가 아니라고 주장하는 사람이 많다. 이들을 공화주의자라고 부른다.

공화국을 뜻하는 'republic'의 어원을 살펴보면 공화국의 원래 의미가 왕의 유무가 아니라는 것을 알 수 있다. 공화국은 고대 로마인들이 자신들의 나라를 가리킬 때 사용했던 말인 '레스 퍼블리카(res publica)'에서 비롯됐는데, 옮기자면 사적이지 않은 공공의 일로 번역된다. 이 말은 두 가지로 해석할 수 있는데, 나라의 일을 특정한 인물이나 집단이 아니라 '공공(public)'의 일로 다룬다는 의미와, 나라의 일을 자기 일처럼 여기고 참여하는 '대중(public)'이 있다는 의미다. 즉, 시민들이 나랏일에 대해 뜻을 함께하는 공중을 형성하고, 공중에 의해 나라가 운영될 때 이를 '공화국'이라 불렀던 것이다.

이와 비슷한 말로 영어에는 'commonwealth'라는 말이 있다. 직역하면 공공의 재산인데, 나라를 특정인의 것이 아닌 시민들의 공유 재산으로 본다는 뜻이다. 국호가 왕국인 영국에서 이 말을 즐겨 사용하는 것을 보면, 왕의 유무보다는 나라를 특정인이나 집단의 소유물로 여기느냐 공유물로 여기느냐가 더 중요한 기준임을 알 수 있다. 아리스토텔레스는 가난한 사람들이 지배하는 민주 정치와 부유한 사람들이 지배하는 귀족

정치를 물리치고, 어떤 신분이나 계층도 독점할 수 없는 국가를 꿈꾸기도 했다.

그렇다면 어떻게 해야 나라가 특정 개인이나 계층의 것이 아닌, 그야말로 공화국이 될 수 있을까? 여기에는 시민의 자질과 제도 두 가지가 모두 필요하다. 국가 전체의 이익과 안전을 위해 개인의 이익과 욕심을 억제할 수 있으며, 공공의 일에 관심이 있는 미덕을 가진 시민들이 필요하다. 만약 사리사욕에 따라 나라를 운영하려는 정치인이 있다 하더라도 그런 야심을 저지할 수 있는 제도가 있어야 한다.

이탈리아의 유명한 공화주의자인 니콜로 마키아벨리는 로마 시민들이 공공의 이익보다는 개인의 욕망에 더 관심을 가지게 됐다고 이야기했다. 그리고 공공의 일에 참여하기보다는 유력한 개인에게 이를 맡기려는 나태함에 빠짐으로써 정교하게 구성된 공화정의 제도가 무력해지는 과정을 상세하게 보여 줬다고 말했다. 하지만 로마 공화정 제도가 워낙 정교했기 때문에(특정인이나 계층이 권력을 독점하기 어려웠기 때문에) 단숨에 무너지지 않았고, 100년 이상의 시간이 걸렸다.

권력의 독점을
막기 위한 장치들

그렇다면 고대 로마 공화정의 정치 제도는 어땠을까? 그림을 살펴보면 알겠지만 무척 복잡하다. 간략하게 표시했지만 실제로는 이보다 훨씬 더 많은 절차가 있었다. 이렇게 복잡한 제도가 만들어진 까닭은 고대 로마 공화국은 평민과 귀족이 연합해 왕을 몰아내고 세운 나라였기 때문이다. 그래서 이들은 왕에 해당되는 한 명의 절대자가 나타나지 않도록 주의하고, 또 평민과 귀족이라는 두 계급 중 어느 한 계급이 권력을 독점하지 않는 그런 정치 시스템을 세웠다.

귀족들의 대표 회의인 원로원은 명목상 국가의 최고 기관이지만, 실제로는 단지 '자문'하는 역할에 불과했고, 평민들에 의해 선출된 집정관에게 실제 권력이 주어졌다. 하지만 집정관은 임기가 2년 이내로 짧았고, 실무를 담당할 행정관이나 법무관을 스스로 임명하지 못했다. 이 역시 민중의 선거로 뽑아야 했기 때문에 그 권력이 상당히 제한적이었다. 더구나 평민들은 호민관이라는 직책도 선출했는데, 호민관은 집정관이 발표한 법에 대한 거부권을 가지고 있었다.

이러한 제도에 대해 당시 로마인들은 "다수에 의해 이루어

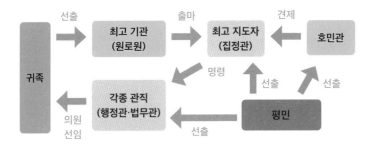

[고대 로마 공화정의 정치 제도]

지는, 그러나 소수의 지혜로운 목소리의 견제를 받는 정치"라
고 불렀다. 즉, 기본적으로 평민들의 선거에 의해 움직이는 정
치였지만 원로원이라는 자문 기관에 의해 대중의 무분별함이
어느 정도 걸러지는 그런 시스템이었다.

이런 로마의 공화주의를 가장 충실하게 근대 국가에 적용
한 나라가 바로 미국이다. 미국 정치의 가장 큰 특징은 사방팔
방으로 권력의 견제 장치가 얽혀 있다는 것이다. 입법, 행정,
사법의 삼권 분립이 매우 철저하고, 중앙 정부와 지방 정부의
권력 분립도 아주 정확하다.

미국의 정치 제도는 특정 인물이나 기관이 권력을 독점하
기 어렵게 구성되어 있다. 우선 입법부와 행정부의 권한 분리

가 명확하고, 미국 대통령의 권력은 생각보다 약하다. 대통령과 장관은 의회에 법률안을 제출할 수 없고, 의회의 동의를 받지 않고서는 국가 주요 기관의 장을 임명할 수도 없다.

게다가 의회 역시 서로 견제할 수 있도록 두 개로 구성되어 있다. 흔히 상원과 하원이라고 하는데, 상원이 하원보다 높다는 의미가 아니다. 미국의 하원은 우리가 흔히 말하는 국회로, 일정한 인구마다 의원을 한 명씩 선출해 구성한다. 그러자 규모가 작은 주에서는 불만이 생길 수밖에 없었는데, 캘리포니아나 플로리다처럼 인구가 많은 주는 의원이 많이 나오고, 와이오밍, 캔자스처럼 인구가 적은 주에서는 의원이 적게 나오니, 인구가 많은 주가 유리하다는 주장이었다. 그래서 인구가 많든 적든 무조건 각 주에서 두 명씩 선출하는 상원 의회를 또 구성했다. 따라서 미국의 법률은 상원, 하원 두 의회를 모두 통과해야만 한다.

사실 공화국은 국가를 구성하는 원리일 뿐 아니라 우리의 정치적인 태도이기도 하다. 국가가 특정 인물의 것이 아니라 나를 포함한 모두의 것이라는 생각, 그리고 내가 국가의 주인 중 한 명이기 때문에 나의 사적인 이익보다 국가 전체의 이익과 안전을 고려해야 한다는 태도이기도 하다. 게다가 국가와 권력은 모두의 것이기 때문에 특정 인물이나 세력이 권력을 독점하지 못하도록 철저한 견제와 균형이 필요하다는 생각이 바로 공화주의다. 이렇게 공화주의적으로 운영되는 국가가 자유와 평등 같은 국민들의 인권에 관심을 가지고 신장시키는 것을 목표로 삼고 있다면, 그 나라가 바로 민주 공화국이라고 할 수 있다.

우리나라 사람들은 정치라는 말에 대체로 부정적인 것 같아. 정치라고 하면 지저분한 일, 옳지 않은 방법으로 남을 속이는 일을 떠올리기도 해. 하지만 이건 오해야. 타락한 몇몇 정치가에게 실망했다고 해서 정치 자체를 멀리하게 된다면 오히려 그들에게 더 많은 기회를 줄 수도 있지. 정치는 가장 인간적인 행위이며, 자아실현의 완성이라고 할 수 있어. 인간이 지닌 가장 고차원적인 욕구는 바로 공동체 안에서 각자의 역할을 맡고, 영향력을 행사하고, 공동체의 번영에 기여하는 일이야. 이런 욕구의 발현이 바로 정치지!

그런 의미에서 모든 시민에게 정치 참여의 기회를 평등하게 보장하고, 또 정치 활동을 자유롭게 펼칠 수 있는 민주 정치가 이루어지는 나라는 인간다운 삶을 보장하는 가장 높은 차원의 공동체라고 할 수 있어. 미국의 철학자 존 듀이(John Dewey)는 "모든 국민은 그 수준에 맞는 정부를 가진다."라고 했어. 공동체 역량을 통해 우리가 살아갈 자유롭고 평등한 민주 정치를 우리 스스로 완성해 보자고!

여러분의 열다섯을 응원합니다

이 책에서 여러분에게 참 많은 이야기를 했습니다. 해 주고 싶은 말이 더 많지만, 여기서 이야기를 더 꺼냈다가는 열다섯 살을 안 하겠다고 할까 봐 이 정도에서 마무리하려 합니다. 어찌 보면 책에 몇 자 더 넣느냐 마느냐는 그다지 중요하지 않을지도 모르겠습니다.

오히려 여기서 소개한 내용들을 깡그리 잊어버려도 상관없어요. 중요한 건 아는 걸 활용할 수 있는 역량이지 정보 자체는 아니니까요. 정보는 지금 당장 인터넷 검색으로도 찾을 수 있을 테고요. 다만 여러분이 책을 읽으면서 앞으로 공부해야 할 것들을 떠올리면서 이런 것들이 있구나, 어떤 사람으로 성장해야겠구나 하는 생각을 조금이라도 갖게 되었다면, 그걸로 이 책의 역할은 충분하다고 생각합니다.

어쩌면 제가 책에서 말한 내용들이 학교에서 배운 내용과 좀 달라서 당황했을지도 모르겠습니다. 교과서를 무시하라고 쓴 건 결코 아닙니다. 하지만 생각해 보세요. 교과서는 5~6년 단위로 바뀌지만 여러분이 살아갈 세상은 5~6일 단위로 바뀌는 세상이랍니다. 교과서가 따라잡기에는 힘에 부친다고 할 수 있어요.

하지만 저는 이 책의 시점을 꽤 멀리 보고 썼기 때문에 당분간은 충분히 세상과 박자를 맞출 수 있다고 자신합니다. 아무리 세상이 바뀌더라도 나와 다른 사람을 이해하고, 사회와 문화를 이해하고, 올바른 표현 방식과 의사소통을 익히고, 민주적으로 의사를 결정하는 역량을 쌓는 것이 낡은 것으로 치부될 세상은 결코 오지 않을 겁니다. 그런 세상은 와서도 안 되겠지요. 적어도 저는 그렇게 믿고 있습니다.

모쪼록 이 책이 여러분의 열다섯이라는 시간에 진심 어리고 값진 만남이 되었기를 바랍니다.

너도 진로 희망 칸 비었어?

열다섯 진로고민러를 위한 역량 처방전

초판 1쇄 펴낸날 2023년 6월 19일
초판 2쇄 펴낸날 2024년 5월 15일

지은이 권재원
그린이 에이욥 프로젝트
펴낸이 홍지연

편집 홍소연 이태화 김선아 김영은 차소영 서경민
디자인 이정화 박태연 박해연 정든해
마케팅 강점원 최은 신종연 김가영 김동휘
경영지원 정상희 여주현

펴낸곳 (주)우리학교
출판등록 제313-2009-26호(2009년 1월 5일)
주소 04029 서울시 마포구 동교로12안길 8
전화 02-6012-6094
팩스 02-6012-6092
홈페이지 www.woorischool.co.kr
이메일 woorischool@naver.com

ⓒ 권재원, 2023
ISBN 979-11-6755-211-2 43300

• 책값은 뒤표지에 적혀 있습니다.
• 잘못된 책은 구입한 곳에서 바꾸어 드립니다.

만든 사람들
편집 이태화
디자인 박태연